Malte Crome

HARTZ IV – Rechte erfolgreich durchsetzen

Ein Leitfaden für Sozialberater

Basics für Sozialprofis

LAMBERTUS

Basics für Sozialprofis

Stand: Februar 2017
ISBN 978-3-7841-2996-9
eBook ISBN 978-3-7841-2979-6

Redaktion: Stefanie Hock, Freiburg
Umschlaggestaltung: Nathalie Kupfermann, Bollschweil
Druck: Franz X. Stückle, Druck und Verlag, Ettenheim

Bibliografische Information der deutschen Nationalbibliothek

Die Deutsche Nationalbibliothek verzeichnet diese Publikation in der Deutschen Nationalbibliografie; detaillierte bibliografische Daten sind im Internet über http://dnb.d-nb.de abrufbar.

Inhalt

Vorwort zur 3. Auflage

Eine erneute Novellierung des SGB II mit Auswirkungen auch auf verschiedene Verfahrensfragen machte die neuerliche entsprechende Anpassung dieses Leitfadens notwendig. Aus verschiedensten Quellen sind die Neuerungen des Rechtsvereinfachungsgesetzes vom 01.08.2016 schon kritisch als leistungseinschränkend und „Verschlimmbesserung“ apostrophiert worden.

Tatsächlich stehen einigen Klarstellungen und Vereinfachungen im Leistungsrecht insbesondere bei verfahrensrechtlichen Regelungen Änderungen gegenüber, die die Rechte der Betroffenen einschränken und das Verfahrensrecht völlig unnötigerweise verkomplizieren und spezialisieren.

Es muss in diesem Zusammenhang nunmehr von einem Sonderverfahrensrecht für Leistungsberechtigte nach dem SGB II gesprochen werden.

Dies ist umso schwerwiegender als für den Kreis von Leistungsbeziehern nach der Hartz IV Gesetzgebung grundsätzlich immer schon das Problem einer zeitnahen Durchsetzung ihrer Rechte bei fehlerhaftem Verwaltungshandeln besteht; denn der Kreis der nach den Hartz IV Gesetzen Anspruchsberechtigten ist bekanntermaßen nicht dazu prädestiniert sich auf langwierige rechtliche Auseinandersetzungen mit den Behörden einzulassen und damit ohnehin schon benachteiligt.

Gesetzestechnisch überzeugt im Übrigen die Vermengung bisher im SGB I und SGB X getrennt geregelter Verfahrensnormen in keiner Weise, wenn etwa Regelungsansätze aus dem Bereich der §§ 45 und 48 SGB X oder der §§ 42, 43,

60 ff. SGB I in §§ 41a und 43 SGB II umständlichst zusammengeworfen werden.

Eine hierfür bestehende Notwendigkeit ist aufgrund der vollständigen und letztlich abschließenden allgemeinen Reglung des SGB I und SGB X nicht ersichtlich.

In die gleiche Richtung muss auch die Kritik an der Neueinführung besonderer Beratungs- und Hinwirkungspflichten in §§ 1 und 14 SGB II gehen. Nicht nur, dass diese Verpflichtungen der Behörde bisher schon in bester Weise in §§ 13 ff. des SGB I geregelt waren; auf Verletzungen der neuerlich eingeführten Beratungspflichten sind ebenfalls vollumfänglich die Grundsätze des sozialrechtlichen Herstellungsanspruches anwendbar.

Wie bei den Vorauflagen findet sich am Ende dieser Arbeit eine aktualisierte Rechtsprechungsübersicht zu den Leistungsansprüchen aus dem SGB II und XII.

Diese Rechtsprechungsübersicht ist auch im Internet unter www.lambertus.de/rechtsprechungsuebersicht einsehbar.

Schließlich aber nicht an letzter Stelle ist zu erwähnen, dass auch die Erstellung dieser überarbeiteten 3. Auflage nicht ohne die freundliche und engagierte Hilfe von interessierten Dritten möglich gewesen wäre; hier sind insbesondere zu nennen die Studentinnen des Sozialrechtes Frau Saskia Braun, Frau Luca Rosa Hohmann und Herr Thomas Cwik sowie in bewährter Weise Herr Dr. Manfred Hammel vom Caritas Verband Stuttgart.

Malte Crome

Fulda im März 2017

Vorwort zur 2. Auflage

Die Herstellung der 1. Auflage dieser kleinen Arbeit fiel mitten in die Zeit der vorletzten Novellierung der Hartz-IV Gesetzgebung (2010/2011), welche in ihrer Umsetzung nicht zuletzt deshalb von Verzögerung betroffen war, da das Novellierungspaket im Vermittlungsaussschuss zwischen Bundesrat und Bundestag behandelt wurde. Diese Umstände führten dazu, dass letztlich nicht alle themenrelevanten gesetzlichen Änderungen bei Drucklegung berücksichtigt waren. Diesem Manko soll mit der nunmehrigen Auflage, die auf dem aktuellsten Gesetzesstand steht, abgeholfen werden.

Darüber hinaus haben sich aus der Praxis Hinweise und Anregungen ergeben, in der inhaltlichen Darstellung verschiebende Umstellungen, Ergänzungen und Klarstellungen vorzunehmen.

Insbesondere ist hier darauf hinzuweisen, dass nunmehr das Kapitel betreffend die Wiederherstellung der aufschiebenden Wirkung nicht mehr als Exkurs, quasi am Ende der Arbeit dargestellt wird, sondern unmittelbar im Anschluss an das die Sanktionen betreffende Kapitel. Diese Umstellung entspricht eher den Erfordernissen der Praxis. Wenn auch alle zusätzlichen Arbeiten nicht dem Ausmaß einer Neuerstellung der Arbeit entsprechen, so wären auch jene nicht möglich gewesen ohne die freundliche Unterstützung und Hilfe Dritter; hier ist insbesondere der Studentin des Sozialrechtes Frau Mareike Weismüller zu danken, die es auch nach teilweiser Vorarbeit durch Herrn Dr. Manfred Hammel vom Caritasverband Stuttgart übernommen hatte, die Rechtsprechungsübersicht auf den neuesten Stand zu bringen.

Malte Crome

Fulda im März 2013

Vorwort

In der vorliegenden Arbeit sind im Wesentlichen die Inhalte meiner Vorlesung an der Hochschule Fulda, University of Applied Sience „Fallbearbeitung im öffentlichen Recht“ konzentriert zusammengefasst. Darüber hinaus sind die Erfahrungen einer nunmehr zwanzigjährigen sozialorientierten anwaltlichen Praxis im Bereich der Freien Wohlfahrtspflege und außerhalb davon mit eingeflossen.

Alle Ausführungen sind unmittelbar an einer Umsetzung in der sozialberatenden Tätigkeit, wie sie im Bereich der Freien Wohlfahrtspflege geleistet wird, orientiert. Selbst wenn die vorliegende Arbeit nicht besonders umfangreich ist, so haben doch manche ihren Beitrag dazu geleistet.

An erster Stelle sind hier zu nennen die Studentinnen des Sozialrechtes Frau Sanja Dikic und Frau Wofa Abdalla, die während ihres Studienpraktikums beim Caritasverband für die Diozöse Fulda insbesondere die notwendige logistische und Schreibarbeit erbracht haben.

Darüber hinaus danke ich insbesondere Herrn Prof. Dr. jur. Albrecht Brühl und Herrn Dr. jur. utr. Carsten Schütz, sowie den Sozialberatern in den Regionalcaritasverbänden Hanau und Fulda / Geisa, Herrn Dipl. Sozialpädagogen Holger Franz und Herrn Dipl. Sozialpädagogen Christian Reuter für die kritische Durchsicht des Manuskriptes und die damit verbundenen Anregungen.

Großen Dank gebührt auch Herrn Dr. Manfred Hammel vom Caritasverband Stuttgart, der die im Anhang befindliche Rechtssprechungsübersicht durch sein unermüdliches Sammeln von Urteilen aller Instanzen erst ermöglicht hat.

Für die systematische Zusammenstellung der Rechtsprechungsübersicht danke ich darüber hinaus den zwischenzeitlich diplomierten Studenten des Sozialrechtes Herrn Bug und Herrn Thielmann und nochmals den Eingangs schon erwähnten Damen.

Malte Crome

Fulda, im Mai 2011

Vorbemerkungen

Die Durchsetzung von sozialhilferechtlichen Ansprüchen vor dem Hintergrund der Rechts- und Verfahrenslage nach der Hartz IV-Gesetzgebung.

Die Bundesrepublik ist ein sozialer Rechtsstaat (Art. 20 GG).

Das sogenannte Sozialstaatsprinzip, das sich aus dieser Norm ableitet, verpflichtet den Staat für soziale Gerechtigkeit auf der Grundlage der Achtung der Menschenwürde und des Rechtsstaatsprinzips zu sorgen.[1]

Aus dem ebenfalls in Art. 20 GG begründeten Rechtsstaatsprinzip folgt, dass alle Verwaltungen an Recht und Gesetz gebunden sind; das heißt jedoch leider nicht, dass Verwaltungen, im vorliegenden Zusammenhang insbesondere die Verwaltungen, welche über sozialhilferechtliche Ansprüche von Mitbürgerinnen und Mitbürgern in Deutschland zu entscheiden haben, immer auch nach Recht und Gesetz handeln.

Natürlich hat es schon immer Probleme bei der Durchsetzung von Rechtsansprüchen gegenüber den Sozialverwaltungen gegeben. Im Bereich der Harzt IV Gesetze (derzeit betroffen: 2,7 Millionen Arbeitslose bei 4,3 Millionen ALG II-Beziehern insgesamt)[2] sind allerdings nicht nur in der Einführungsphase sondern auch nach der Konsolidierung der Rechtslage insbesondere durch das Bundessozialgericht nach wie vor viel zu viele Verwaltungsentscheidungen streitbefangen.

---

1 Papenheim, Heinz-Gert u. a., 1998: Verwaltungsrecht für die Soziale Praxis, 14. Aufl., Frechen: Verlag Recht für die Soziale Praxis, S. 7.

2 Die Entwicklung des Arbeits- und Ausbildungsmarktes auf https://statistik.arbeitsagentur.de/

Mit Stand von September 2016 konnten immer noch 198.340 bei den Sozialgerichten anhängige Klagen und Eilverfahren bzw. bei den Behörden anhängige Widerspruchsverfahren festgestellt werden.[3] Die überdurchschnittlich hohe Zahl von Verfahren, welche nach wie vor durch die betroffenen Bürger gegen die Verwaltungen gewonnen werden (44% aller Harzt IV Klagen)[4] macht deutlich, dass die Rechtshandhabung im Zusammenhang mit der Umsetzung der Hartz IV Gesetze noch weit von der Normalität entfernt ist (Eine Situation, die es sicherlich verdiente, fachübergreifend sozialrechtlich und sozialwissenschaftlich untersucht zu werden). Nach rechtsstaatlichen Grundsätzen ist eine solche Situation nicht hinnehmbar, insbesondere vor dem Hintergrund, dass die Leistungen des SGB II und SGB XII auf die Sicherung des Existenzminimums[5] der anspruchsberechtigten Bürger gerichtet sind.

---

3 Arbeitslosenzahl sinkt auf Rekordtief (03.01.2017) auf http://www.zeit.de/wirtschaft

4 Arbeitslosenzahl sinkt auf Rekordtief (03.01.2017) auf http://www.zeit.de/wirtschaft

5 BVerfG, Urteil vom 09.02.2010 – 1 BvL 1/09, 3/09, 4/09: Anspruch des Bürgers gegenüber dem Staat auf Gewährung eines Menschenwürdigen Existenzminimums.

Zielgruppen

Vor dem Hintergrund der obigen Situationsbeschreibung nimmt dieser Leitfaden die über einen Zeitraum vieler Jahre aus der sozialen Beratungspraxis vorgetragenen Problemlagen und Fragestellungen auf.

Dieser unmittelbar aus der Beratungspraxis kommende Einfluss bestimmt maßgeblich den Aufbau und die Schwerpunktsetzung des Leitfadens.

Diese Arbeit richtet sich daher in erster Linie an Sozialberater, die anhand der Gliederung durch die Bearbeitung eines Beratungsfalles geführt werden. Weiterhin richtet sich der Leitfaden an den interessierten und gegebenenfalls auch betroffenen Laien.[6]

Immer geht es bezüglich dieser Zielgruppen darum, dabei behilflich zu sein, sozialhilferechtliche Ansprüche möglichst effizient durchzusetzen bzw. fehlerhaftes Verwaltungshandeln effizient zu korrigieren.

An dritter Stelle richtet sich diese Arbeit auch an Studenten des Sozialrechts, denn er fasst das Grundwissen im Zusammenhang mit der Verfolgung und Durchsetzung von Ansprüchen im Bereich des Sozialrechtes zusammen, welches nach Abschluss eines sozialrechtlichen Studiums unbedingt immer präsent sein müsste.

Für Studenten des Sozialrechtes ersetzt diese Arbeit aber nicht das Lernen mit der einschlägigen Fachliteratur. Wohl aber kann es eine erste Orientierung bieten, in welchen Bereichen und zu welchen Begriffen noch vertieft gelesen und gelernt werden muss.

---

6 Soweit mit Fußnoten gearbeitet wird, sind deren Adressaten allerdings ausschließlich Profis.

Zur Darstellung der im Leitfaden behandelten Rechtsmaterien

Wie schon ausgeführt, ist es Ziel dieses Leitfadens möglichst effizient, d. h. auch möglichst schnell bei der Durchsetzung der Rechte von Betroffenen zu helfen.

Andererseits ist es auch ein Anliegen dieser Arbeit, im Hinblick auf die sich bietenden verfahrensrechtlichen Vorgehensweisen einen möglichst vollständigen Überblick zu gewähren, denn nicht immer muss ein Verfahren um sozialhilferechtliche Ansprüche schnell durchgeführt werden.

Inhalte, die daher der genannten vollständigen Darstellung dienen oder solche, die eher seltener in der sozialhilferechtlichen Praxis vorkommen, sind in Exkursen zusammengefasst.

Die Materien die unter der Überschrift Exkurs dargestellt sind, sind dabei regelhaft solche, die in ihrer Handhabung auch schon profundere juristische Kenntnisse erfordern.

Der Verfasser

Mai 2011

A. Der Antrag

1. Wer kann einen Antrag stellen?

Grundsätzlich kann jeder, der das 15. Lebensjahr vollendet hat, einen Antrag stellen.

Die Berechtigung zur Antragstellung setzt gemäß § 36 SGB I nicht die Volljährigkeit d. h. Geschäftsfähigkeit i. S. v. BGB voraus, vielmehr können nach der genannten Vorschrift Anträge bereits von Personen gestellt werden, die das 15. Lebensjahr vollendet haben.

2. Wie stelle ich einen Antrag, um Leistungen insbesondere aus dem Bereich des SGB II und SGB XII beziehen zu können?

Wie im gesamten Verwaltungsverfahren gilt auch hier gemäß § 9 SGB X keine Formvorschrift, d. h. ein potenzieller Leistungsempfänger kann einen Antrag sowohl mündlich, schriftlich, fernmündlich als auch mit Hilfe eines vorgefertigten Antragsformulars der zuständigen Behörde stellen.[7]

Wichtig ist aber, dass tatsächlich ein erkennbarer Antrag gestellt wird.

§ 16 SGB I weist darauf hin, dass jeder zu gewährenden Sozialleistung ein entsprechender Antrag vorausgegangen sein sollte.

In den uns hier insbesondere interessierenden Materien des SGB II und des SGB XII wird dieses Erfordernis zum einen verschärft (§ 37 SGB II) zum anderen abgeschwächt (§§ 17, 18 SGB XII).

---

7 SGB X Sozialverwaltungsverfahren und Sozialdatenschutz – Lehr- und Praxiskommentar; Diering/Timme/Waschull (Hg.); 2. Auflage, 2007; Nomos: §9 Rn 4 und 5, Rixen.

a) SGB II

§ 37 Abs. 1 SGB II statuiert den Antrag als Verfahrenserfordernis für die Einleitung eines Verwaltungsverfahrens nach § 8 SGB X.[8]

Der Antrag ist zwingende Verfahrensvoraussetzung und zwar auch für einen Bewilligungszeitraum, der sich an den Zeitraum der bisherigen Bewilligung anschließt (Folgeantrag).

Daraus folgt, dass im Anwendungsbereich des SGB II keine Leistungen ohne Antrag gewährt werden bzw. keine Leistungen über die beantragten hinaus ergehen dürfen.[9]

Diese strenge Voraussetzung für die Einleitung eines Verfahrens für die Gewährung von Leistungen nach dem SGB II ist allerdings durch die Rechtsprechung des Bundessozialgerichtes vom 23.03.2010 zumindest dahingehend relativiert worden, dass keine gesonderte Antragstellung für weitere Leistungen im Bezugszeitraum notwendig ist, da vom Ursprungsantrag alle nach dem SGB II möglichen Leistungen, die im Bezugszeitraum in Betracht kommen könnten, schon umfasst sind.[10]

Durch die neueste Gesetzgebung (§ 37 Abs. 1 S. 2 SGB II) ist dieses weitgehende Verständnis des BSG von der Reichweite des Antrags allerdings in Bezug auf mehrtägige Klassenfahrten (§ 28 Abs. 2 S. 2. Nr. 2 SGB II), zusätzlich erforderliche Lernförderung (§ 28 Abs. 4 SGB II) und Mittagsverpflegung (§ 28 Abs. 5 SGB II) noch einmal eingeschränkt worden.

---

8 SGB II Grundsicherung für Arbeitsuchende – Lehr- und Praxiskommentar; Münder (Hg.); 2. Auflage, 2007; Nomos: § 37 Rn 5, Münder.

9 Münder a. a. O.

10 BSG, Urteil vom 23.03.2010 – B 14 AS 6/09 R (die vollständigen Urteilsgründe waren zum Zeitpunkt der Drucklegung dieser Arbeit noch nicht abgesetzt).

Diesbezüglich sieht das Gesetz ausdrücklich vor, dass gesonderte Anträge gestellt werden müssen.

b) SGB XII

Im SGB XII hingegen wird auf einen Antrag für Leistungen nach dem Dritten Kapitel (Hilfe zum Lebensunterhalt, §§ 27 bis 40 SGB XII) und darüber hinaus im Fünften (Hilfen zur Gesundheit, §§ 47 bis 52 SGB XII) und Neunten Kapitel (Hilfe in anderen Lebenslagen, §§ 70 bis 74 SGB XII) verzichtet.[11] § 18 SGB XII statuiert in diesem Zusammenhang, dass es für eine Antragsstellung ausreicht, wenn der zuständige Sozialleistungsträger oder eine der von ihm beauftragten Stellen Kenntnis von einem Hilfebedarf erlangt hat.

Damit soll ein möglichst niederschwelliger Zugang zu den in Frage kommenden Leistungen ermöglicht werden.

Wegen des Amtsermittlungsprinzips ist der Sozialhilfeträger hier sogar verpflichtet alle in Betracht kommenden Hilfemöglichkeiten von Amts wegen zu prüfen und für den Sozialhilfefall im Ganzen zu regeln.[12]

3. Auskunfts- und Beratungspflicht der Behörden

In diesem Zusammenhang ist im Hinblick auf das Antragserfordernis des § 37 Abs. 1 SGB II auch auf die Verpflichtungen der Behörde zu Beratung und Auskunft gemäß §§ 13, 14, 15 SGB I hinzuweisen, die sich auf alle sozialen Angelegenheiten nach dem SGB II erstrecken.[13]

---

11 Allerdings ist für die Geltendmachung von Ansprüchen der Grundsicherung im Alter (4. Kapitel, §§41 bis 46a SGB XII) auch im SGB XII ein Antragserfordernis gegeben (§41 Abs. 1 S. 1 SGB XII).

12 SGB II, §37 Rn 3, Münder.

13 SGB II, §37 Rn 5, Münder.

Der Beratungs- und Auskunftsanspruch soll eine umfassende Beratung sicherstellen, die sich auf alle sozialrechtlichen Fragen, die zur Beurteilung von Rechten und Pflichten von Bedeutung sind oder in Zukunft von Bedeutung sein können, erstrecken, soweit die Leistungsberechtigten hieran ein berechtigtes Interesse haben.[14]

4. Antragstellung / Auslegung / Umdeutung

In der Praxis stellt sich die Frage nach einer tatsächlichen Antragstellung in unterschiedlichen Zusammenhängen.

Für Betroffene, die potenziell in den Anwendungsbereich des SGB II fallen könnten, gilt, dass der Gewährung von Leistung ein entsprechender Antrag vorausgehen soll.

Dabei wird vom potenziellen Antragsteller nicht verlangt, dass er die von ihm begehrten Leistungen bereits selbst korrekt benennt; es reicht vielmehr aus, dass Tatsachen mitgeteilt werden, um daraus auf einen Antrag auf Gewährung von Sozialleistungen schließen zu können.

Nicht genau bezeichnete Anträge müssen von der Behörde entsprechend ausgelegt oder umgedeutet werden.

Anträge die sich auf eine bestimmte Leistungsart beziehen, können zu Gunsten des Antragstellers auf andere Leistungsarten erweitert werden.[15] Anträge, die bei einem unzuständigen Leistungsträger eingehen, sind gemäß § 16 Abs. 2 SGB I unverzüglich an den zuständigen Leistungsträger weiterzuleiten.

---

14 SGB I Allgemeiner Teil – Lehr und Praxiskommentar; Krahmer (Hg.); 2. Auflage, 2008; Nomos: § 14 Rn. 22, Lilge.

15 SGB I, § 16 Rn 4 und 10, Reinhardt.

5. Hinwirkungspflicht

Sowohl für das SGB II als auch für das SGB XII ist im Übrigen die Regelung des § 16 Abs. 3 SGB I zu berücksichtigen.

Danach hat die Behörde darauf hinzuwirken, dass sachdienliche und klare Anträge gestellt und unvollständige Angaben ergänzt werden.

Die Hinwirkungspflicht stellt eine Rechtspflicht dar, zu deren Erfüllung die Leistungsträger im Wege der Rechtsaufsicht angehalten werden können.[16]

In Literatur und Rechtsprechung ist es zwar umstritten,[17] ob der genannten Pflicht der Behörde auch ein korrespondierender Rechtsanspruch des betroffenen Bürgers gegenüber steht; im Einzelfall kann jedoch der Hinweis auf die Verpflichtung gemäß § 16 Abs. 3 SGB I durchaus hilfreich im Sinne der Beförderung des in Frage stehenden Anliegens sein.[18]

---

16 SGB I, § 17 Rn 19, Lilge.

17 SGB I, § 17 Rn 20, Lilge.

18 Im Übrigen gilt, in einer Gesamtschau der Regelung der §§ 13, 14, 15, 16 SGB I folgende Feststellung: „Ein Verwaltungsbeamter handelt nicht nach bestem Gewissen, wenn er sich auf eine schematische Erfüllung von Vorschriften den Buchstaben nach beschränkt (...) nur der Beamte handelt gewissenhaft, der sich der Verantwortung für sein Handeln im sozialen Rechtstaat bewusst ist. Auch dieser Hinweis auf die persönliche Verantwortung für den sozialen Rechtstaat ist keinesfalls trivial. Denn das Bundesbeamtengesetz (BBG) verpflichtet jeden Verwaltungsmitarbeiter zur unparteiischen und gerechten Amtsführung unter Berücksichtigung des Wohls der Allgemeinheit (vgl. § 52 Abs.1 BBG)." So Fürst, Walther Beamtenrecht des Landes und der Länder, Richterrecht und Wehrrecht; Kommentar Bundesbeamtengesetz (BBG) (Fassung bis 11.Februar 2009) Teil 2b: Allgemeines Beamtenrecht II, K § 56 BR Lfg.6/08, Berlin 2009.

Musterantrag

„Hiermit beantrage ich soziale Hilfsleistungen unter Berücksichtigung aller rechtlichen und tatsächlichen Gesichtspunkte.

Ich bitte um eine ausführliche Beratung im Hinblick auf die mir zustehenden sozialen Rechte und bitte mir dabei zu helfen, den meiner Lebenslage am besten entsprechenden Antrag, im Hinblick auf die Gewährung von sozialen Leistungen zu formulieren.

Datum, Unterschrift."

6. Beratungspflicht nach § 1 Abs. 3 Nr. 1 und § 14 Abs. 2 SGB II

Nunmehr hat der Gesetzgeber mit der Novellierung des SGB II durch das Rechtsvereinfachungsgesetz vom 01.08.2016 zusätzlich zu den schon nach dem SGB I bestehenden Beratungs- und Hinwirkungspflichten der Behörde (s. o. Ziff. 3 und 5) auch noch im SGB II Beratungspflichten festgeschrieben. Gesetzestechnisch ist die Beratungspflicht nach den hier genannten Normen des SGB II vorrangig gegenüber der Beratungspflicht nach dem SGB I.

Im Ergebnis dürfte es jedoch an den umfassenden Auskunfts-, Beratungs- und Hinwirkungspflicht der Behörden, sowie sie bereits aus dem SGB I resultieren und soweit sie auch ergänzend zu den neuen Regelungen des SGB II heranzuziehen sind, nichts ändern.

Den neuen Regelungen kann man allenfalls noch eine zusätzliche Beratungs- und Auskunftspflicht der Behörde, auch im Hinblick auf die Wahrnehmung von Selbsthilfeobliegenheiten und Mitwirkungspflichten, entnehmen; diese Verpflichtungen sind jedoch per se nicht neu und wären auch schon durch die einschlägigen Regelungen des SGB I abgedeckt gewesen.

Durch die im SGB II vorgenommene Ergänzung ändert sich im Übrigen auch nichts daran, dass die Behörden bei einer Verletzung der speziellen Beratungs- und Auskunftspflichten im Wege des sozialrechtlichen Herstellungsanspruches (s. u. B.) haften müssen.

7. Dokumentation der Antragstellung

Grundsätzlich ist es hier auch im Interesse des Leistungsberechtigten, den Zeitpunkt der Antragstellung dokumentieren zu können.

Dabei kann es im Einzelfall ausreichen, wenn der Betroffene vor seinem zuständigen Sachbearbeiter des Jobcenters oder der Optionskommune, mündlich sein Begehr vorträgt und der Sachbearbeiter dieses entsprechend in seinem Vorgang schriftlich festhält.

Beispiel

Ein hypothetischer Fall der andererseits durchaus auch Bezüge mit der Realität aufweist, könnte allerdings auch so aussehen, dass auf einen mündlich gestellten Antrag eine ebenso mündliche Ablehnung des Begehrens durch den Sachbearbeiter erfolgt.

Verlässt der vermeintlich Leistungsberechtigte sodann die Behörde ergebnislos, hat sich seine Rechtsposition in keiner Weise verbessert.

Die Frage stellt sich dann, wie gegebenenfalls gegen den mündlich erteilten ablehnenden Bescheid vorgegangen werden könnte.

Hierzu müsste der Berechtigte zunächst nachweisen können, dass ihm gegenüber überhaupt ein ablehnender Bescheid ergangen ist.

Dieser Nachweis kann auf zwei Wegen erbracht werden.

Akteneinsicht

Dieses Recht gründet auf § 25 SGB X soweit die Kenntnis des Inhalts der Akte zur Geltendmachung oder Verteidigung der rechtlichen Interessen des Betroffenen erforderlich ist.

Dieser Weg setzt natürlich voraus, dass die Akte überhaupt einen entsprechenden Vermerk über die mündliche Antragstellung und eine ebensolche Ablehnung enthält.

Wenn man jedoch den nachfolgend dargestellten zweiten Weg des Zeugenbeweises nicht beschreiten kann, da man alleine auf der Behörde vorgesprochen hat, so kann doch die Akteneinsichtnahme im Einzelfall die Mühe lohnen, wenn die Antragstellung und Ablehnung tatsächlich schriftlich festgehalten wurden.

Die Akteneinsicht muss gemäß § 25 Abs. 4 SGB X bei der Akten führenden Behörde erfolgen. Man kann sich dort gegebenenfalls eine handschriftliche Abschrift anfertigen oder aber gegen Bezahlung auch eine Fotokopie der interessierenden Aktenbestandteile anfertigen.[19]

TIPP

Immer schriftlich beantragen und auf eine schriftliche Ablehnung bestehen!

---

19 SGB X, §25 Rn 11, Lang.

Zeugenbeweis

Der Beweis für die Antragstellung und die mündlich erfolgte Ablehnung kann durch einen Zeugen erbracht werden. Als Zeuge kommt jede natürliche Person in Betracht. Geeignet als Zeuge ist vor allem auch der sogenannte Beistand nach § 13 Abs. 4 SGB X.

Beistand

Ein Beistand ist eine Person des Vertrauens, die nicht Bevollmächtigter ist; er kann nur zusammen mit dem Beteiligten, nicht an seiner Stelle, handeln. Insofern ist der Beistand im Verfahrenssinne unselbstständig. Das vom Beistand vorgebrachte gilt grundsätzlich als vom betroffenen Beteiligten vorgebracht.[20]

Grundsätzlich kann nach § 13 SGB X einem Betroffenen die Hinzuziehung eines Beistandes nicht verweigert werden.[21]

TIPP

Bei Behördengängen immer einen Begleiter mitnehmen, der als Zeuge in Betracht kommen könnte.

Beistände können auch Familienangehörige oder Freunde sein und selbstverständlich kommen als Beistände auch die Mitarbeiter der Beratungsstellen der Wohlfahrtsverbände in Betracht.[22]

Die praktische Erfahrung zeigt, dass die Mitnahme eines Beistandes zur Vorsprache bei der Behörde in den meisten Fällen – nicht nur aus Beweissicherungsgründen – hilfreich ist und kann daher nur empfohlen werden. [23]

---

20 SGB X, § 13 Rn 22, Rixen.
21 SGB X, § 13 Rn 23, Rixen.
22 Rechtsdienstleistungsgesetz, BGBl. I Nr. 63 vom 17.12.2007, 2840.
23 Siehe unten C.

TIPP TIPP TIPP

Zusammenfassend kann man folgende Regel zusammenstellen:

a) Ein Antrag sollte immer schriftlich gestellt werden.
b) Nehmen Sie stets einen Beistand zu Ihren Behördengängen mit, der im Zweifel auch die Tatsachen bezeugen kann, die nicht schriftlich festgehalten wurden.
c) Gegenüber der Behörde sollte im Zusammenhang mit der Antragstellung immer auf eine schriftliche Entscheidung bestanden werden.

8. Bevollmächtigter

Dass § 13 SGB X im Übrigen vorsieht, dass sich Betroffene auch durch einen Bevollmächtigten vertreten lassen können, ist in einem Rechtsstaat eine Selbstverständlichkeit.

Bei einem Bevollmächtigten handelt es sich idealtypischerweise um eine Person, die besondere Rechtskenntnisse im Hinblick auf die Besorgung der Angelegenheiten des von ihm Vertretenen hat, zum Beispiel ein Rechtsanwalt.

Sozialberater als Bevollmächtigter

Im Zuge der Einführung des Rechtsdienstleistungsgesetztes (RDG) können nunmehr allerdings als Bevollmächtigte auch etwa die in Wohlfahrtsverbänden tätigen Sozialberater auftreten.

Gerade bei diesem Personenkreis ist aber die Abgrenzung der Bevollmächtigung zur bloßen Beistandschaft von besonderer Bedeutung.

Insbesondere an die Adresse des Bevollmächtigten sei jedoch angemerkt, dass anders als im Beistandsverhältnis das Bevollmächtigungsverhältnis ausdrücklich ein Vertragsverhältnis darstellt, aus dem Haftungspflichten resultieren können.

Diese Haftungspflichten werden ausgelöst etwa durch Falschberatung, Fristversäumnisse[24] oder auch Fehler in der verfahrensrechtlichen Handhabung eines Falls.

---

24 Siehe unten C. 7.

B. Exkurs:
Der sozialrechtliche Herstellungsanspruch

1. Grundlage

Das deutsche Sozialrecht sah ursprünglich keine Möglichkeit vor, im Falle eines pflichtwidrigen Fehlverhaltens durch leistungserbringende Behörden, den Betroffenen „Schadensersatz“[25] zu gewähren.

Dabei kam es immer wieder zu Fällen, in denen aufgrund einer falschen Auskunftserteilung, falscher Beratung oder Nichtberatung der Behörde Betroffene insbesondere finanziell gravierende Nachteile in Kauf nehmen mussten, da sie bestimmte Sozialleistungen, etwa wegen Fristversäumnissen, unwiederbringlich nicht in Anspruch nehmen konnten.

Da dieser Umstand mit rechtsstaatlichen Grundsätzen unvereinbar war, wurde durch die Rechtsprechung, anknüpfend an die sich aus den §§ 13, 14, 15 SGB I ergebenden Pflichten der Behörden, das Institut des sozialrechtlichen Herstellungsanspruches entwickelt, welches zwar nach wie vor keine Gesetzesform hat, jedoch aufgrund ständiger Rechtsprechung geltendes Recht ist.

2. Beweisproblem

Das tatsächliche Problem bei der Durchsetzung eines sozialrechtlichen Herstellungsanspruches liegt im Nachweis eines der leistungserbringenden Behörde zurechenbaren Fehlverhaltens.

Hier wird es in nur sehr seltenen Fällen Sachlagen geben, die ein Fehlverhalten der Behörde offensichtlich machen und auf diese Weise auch unstreitig stellen.

25 Siehe unter B. 4. Reichweite des Herstellungsanspruches.

Ein solcher seltener Fall, der auch noch einen sozialhilferechtlichen Bezug aufweist, wurde seinerzeit vom SG Lüneburg[26] verhandelt.

Dabei ging es um den sozialrechtlichen Herstellungsanspruch bei Verletzung der Pflicht zur Beratung über die Voraussetzungen zur Übernahme einer Mietkaution im Rahmen der SGB II-Leistungen[27].

Der ARGE obliegt die Pflicht, Hilfebedürftige bei der Vorsprache anlässlich eines beabsichtigten Umzugs darüber umfassend und vollständig aufzuklären, dass die Übernahme von Mietkautionskosten nur dann erfolgen kann, wenn eine vorherige Zusicherung erteilt worden ist.

Eine sogenannte Spontanberatungspflicht der Behörde ergibt sich zunächst aus § 14 SGB I, wonach jeder Anspruch auf Beratung über seine Rechte durch die zuständigen Leistungsträger hat, auch wenn kein konkretes Beratungsbegehren besteht.

Im vorliegenden Fall wurde die Klägerin aber unstreitig nie über dieses Erfordernis einer behördlichen Zusicherung informiert.

Die Nichtberatung und Nichtaufklärung führte letztlich dazu, dass die Klägerin ihren Anspruch auf Übernahme der Mietkautionskosten verloren hat. Sie wurde dann nach den Grundsätzen des sozialrechtlichen Herstellungsanspruches so gestellt, als sei ihr die notwendige Zusicherung erteilt worden; die ARGE hatte demnach die Mietkaution zu erstatten.

---

26 SG Lüneburg, Urteil vom 09.11.2006 – S 25 AS 163/06, info also 2007, 77–81; die Darstellung des Sachverhalts und der Voraussetzung des sozialrechtlichen Herstellungsanspruches durch das Gericht wurde hier in schulmäßiger Weise geleistet und eignet sich hervorragend auch zum Studium der Materie für Studenten.

27 Ein entsprechender Rechtsanspruch der Klägerin war hier nicht streitig.

Aufgrund der ansonsten aber in den meisten Fällen schwierig gelagerten Beweissituationen[28] hinsichtlich des Fehlverhaltens der Behörde, ist die Geltendmachung von „Schadensersatzansprüchen" über das Institut des sozialrechtliche Herstellungsanspruch eher als schwerfälliges Verfahren zu bezeichnen, dass sich auch über mehrere Instanzen hinziehen kann und wo es in der Regel kaum Ansatzpunkte geben dürfte, den begehrten Anspruch in einem Eilverfahren (siehe unten E.) verhandeln zu lassen.

3. Voraussetzungen

Im Einzelnen gelten nach der ständigen Rechtsprechung folgende Voraussetzungen:

Der auf Herstellung in Anspruch genommene Leistungsträger muss

- eine Haupt- oder Nebenpflicht
- aus seinem jeweiligen Sozialrechtsverhältnis mit dem Anspruchsteller,
- die ihm gerade diesem gegenüber oblag,
- (objektiv) rechtswidrig nicht oder schlecht erfüllt haben.

Die Pflichtverletzung muss ferner

- als nicht hinweg denkbare Bedingung, neben anderen Bedingungen zumindest gleichwertig, („ursächlich") gewirkt haben,
- verursacht haben, dass dem Betroffenen ein (verfahrensrechtliches oder materielles Leistungs-, Gestaltungs- oder Abwehr-)Recht, das ihm im jeweiligen Sozialrechtsverhältnis zugestanden hat oder ohne die Pflichtverletzung zugestanden hätte, nicht mehr oder

---

28 Bezüglich des Rechts auf Akteneinsicht bzw. Zeugenbeweises durch einen Beistand, sie oben A. 7.

nicht mehr in dem vom Primärrecht bezweckten Umfang oder überhaupt nicht zusteht.

Schließlich ist zur sachgerechten Begrenzung der dem Leistungsträger zurechenbaren Nachteile ergänzend zu kontrollieren, ob der geltend gemachte Nachteil nach Art und Entstehungsweise aus einer Gefahr stammt, zu deren Abwendung die konkrete Pflicht diente; mit anderen Worten: Die verletze Pflicht muss darauf gerichtet gewesen sein, den Betroffenen gerade vor eingetretenen Nachteilen zu bewahren.

4. Reichweite des Herstellungsanspruchs

Mit dem Institut des sozialrechtlichen Herstellungsanspruches kann nur diejenige Rechtsfolge herbeigeführt werden, die eingetreten wäre, wenn sich der Leistungsträger rechtmäßig, d. h. pflichtgemäß verhalten hätte; also pflichtgemäß seinen behördlichen Auskunfts-, Beratungs- und Betreuungspflichten nachgekommen wäre.

Im oben genannten Beispielsfall hatte die Betroffene somit nur einen Anspruch auf nachträgliche Übernahme der Kaution durch die Behörde, nicht etwa weitere Ansprüche die sich aus dem ursprünglichen Fehlverhalten der Behörde theoretisch noch hätten ergeben können.

ACHTUNG!

Der sozialrechtliche Herstellungsanspruch ist abzugrenzen vom sogenannten „Amtshaftungsanspruch" wegen schuldhafter Pflichtverletzung (§ 839 BGB), der mit entsprechendem Kostenrisiko vor dem jeweils zuständigen Landgericht geltend gemacht werden müsste. Dieses Rechtsinstitut mag vielleicht in der einen oder anderen Fallkonstellation mit einem sozialrechtlichen Herstellungsanspruch konkurrieren. Im Zweifel müsste ein Anwalt prüfen, ob ein Amtshaftungsanspruch greifen könnte und gegebenenfalls den Klienten vor dem Landgericht vertreten (Anwaltszwang). Der sozialrechtliche Herstellungsanspruch kann jedoch vom Klienten selbst bzw. einem sonstigen Bevollmächtigten im Sinne des Rechtsdienstleistungsgesetzes (RDG) geltend gemacht werden.[29]

29 Siehe A. 7., A. 8. und L.

C. Der Bescheid

Der Bescheid über die Gewährung oder Nichtgewährung von Sozialleistungen ist immer ein Verwaltungsakt.

Als solcher unterliegt dieser Bescheid grundsätzlich bestimmten Form- und auch inhaltlichen Anforderungen.

Diese sind geregelt in §§ 31 ff. des SGB X.

Es würde der Intention dieser Arbeit zu wider laufen, an dieser Stelle zur Dogmatik des Verwaltungsaktes weitere Ausführungen zu machen.

Meine Absicht ist es vielmehr darzustellen, welchen formalen und inhaltlichen Anforderungen ein Bescheid genügen muss, damit die mit diesem beabsichtigte Regelung Bestand haben kann.

Im Folgenden wird, wenn der Begriff „Verwaltungsakt" gemeint ist, nunmehr der Begriff „Bescheid" bzw. „Sozialhilfebescheid" verwendet.

1. Form

Ein Bescheid hat in der Regel schriftlich zu ergehen, § 33 Abs. 2 SGB X.[30]

Ausnahmsweise kann ein Bescheid zunächst auch mündlich ergehen; die schriftliche Fassung muss dann jedoch unverzüglich, d. h. ohne schuldhafte Verzögerung, erfolgen, wenn dies vom Betroffenen verlangt wird und ein berechtigtes Interesse des Betroffenen besteht (§ 33 Abs. 2 S. 2 SGB X).

Die oben (siehe oben A. 6.) dargestellte Situation eines mündlich gestellten Antrags und einer mündlichen Bescheidung des Antrags ist daher nicht nur praktisch möglich, sondern auch ausdrücklich im Gesetz berücksichtigt.

---

30 Siehe oben A. 2.

2. Bestimmtheit

Ein Bescheid muss immer auch inhaltlich hinreichend bestimmt sein (§ 33 Abs. 1 SGB X). Das heißt, es muss aus einem Bescheid klar hervorgehen, was wem gegenüber durch den Bescheid geregelt werden soll.

Das Bestimmtheitsgebot gilt für den Bescheid insgesamt.

Hieraus ergibt sich, dass aus dem Bescheid für die Beteiligten vollständig, klar und unzweideutig erkennbar sein muss, worauf die Behörde hinaus will. Auch für die Behörde ist dies von Bedeutung, da z. B. nur hinreichend bestimmte Bescheide vollstreckbar (siehe unten J.) sind.[31]

Das Bestimmtheitsgebot steht mit der Begründungspflicht (§ 35 SGB X) in einem engen Zusammenhang, da die Begründung zur Bestimmung des Regelungsgehalts herangezogen werden kann.

3. Begründung

Ein Sozialhilfebescheid muss begründet werden, § 35 Abs. 1 SGB X.

In der Begründung sind

- die wesentlichen
- tatsächlichen und
- rechtlichen Gründe mitzuteilen,

die die Behörde zu ihrer Entscheidung bewogen haben.

Die Begründung von Ermessensentscheidungen muss außerdem auch die Gesichtspunkte erkennen lassen, von denen die Behörde bei der Ausübung ihres Ermessens ausgegangen ist.

31 SGB X, §33 Rn 2 und 3, Waschull.

Leider verhält es sich so, dass behördliche Entscheidungen in den Rechtsgebieten des SGB II und XII kaum jemals diesen Begründungsanforderungen entsprechen.

Häufig wird einzelnen Begründungserfordernissen überhaupt nicht oder nur unvollständig nachgekommen.

TIPP TIPP TIPP TIPP TIPP TIPP

Besonders sei in diesem Zusammenhang auch auf das materiell-rechtliche Problem der angemessenen Höhe der Kosten der Unterkunft bzw. Heizung hingewiesen (§ 22 SGB II).

Zu den Fragen der Angemessenheit hat das BSG ein komplexes Prüfungsschema entworfen, nach dem in den Kommunen und Landkreisen jeweils die angemessenen Kosten für die Unterkunft festgestellt werden müssen.

Dabei setzt eine der Rechtsprechung des BSG[32] folgende Umsetzung des Prüfschemas umfangreiche Erhebungen über die tatsächliche Situation am Wohnungsmarkt in den jeweiligen Kommunen bzw. Gemeinden eines Landkreises voraus.

Es kann in diesem Zusammenhang festgestellt werden, dass die Behörden bisher kaum jemals in der Lage waren, den Anforderungen des BSG entsprechende Feststellungen zur Angemessenheit der Kosten für Unterkunft zu erarbeiten.

Insofern sind Bescheide, die die vermeintlich angemessenen Kosten von Wohnraum feststellen, so gut wie immer fehlerhaft![33]

---

32 Urteil vom 07.11.2006 – B 7 AS 18/06.R.

33 Ob sich nach der nunmehr vom Rechtsvereinfachungsgesetz vom 01.08.2016 eröffneten Möglichkeit der Feststellung einer Gesamtangemessenheitsgrenze (§22 Abs. 10 SGB II) diesbezüglich Änderungen ergeben, wird abzuwarten sein.

TIPP TIPP

Ein Widerspruch oder auch eine Klage gegen solche Bescheide kann in der täglichen Beratungspraxis daher häufig schon damit begründet werden, dass die Feststellung der Behörde zur Angemessenheit der Kosten der Unterkunft nicht den entsprechenden Vorgaben des BSG genügen.

4. Ermessensspielraum

Ermessensentscheidungen der Behörde sind zu unterscheiden von Entscheidungen, in denen die Behörde aufgrund Gesetzes bei Vorliegen bestimmter Voraussetzungen gezwungen ist, eine bestimmte Rechtsfolge eintreten zu lassen, d. h. etwa einen bestimmten Anspruch zu gewähren.

a) „Muss"-Vorschrift

Keinen Entscheidungsspielraum hat die Behörde, wenn der Gesetzestext so formuliert ist, dass es dort heißt „hat" zu gewähren.

Beispiel

§ 7 SGB I – Recht auf Zuschuss zur Miete oder vergleichbaren Aufwendungen

b) „Soll"-Vorschrift

Die nächste Stufe, auf der der Behörde ein gewisser Entscheidungsspielraum gegeben ist, sind die sogenannten „Soll" – Vorschriften.

Bei „Soll"-Vorschriften ist ein bestimmtes im Gesetz vorgesehenes Handeln der Behörde regelhaft vorgeschrieben, es sei denn, es sprechen im Einzelfall besondere Gründe dagegen, die eine Abweichung vom Normalfall rechtfertigen.

Beispiel

§ 22 Abs. 6 S. 3 SGB II – Übernahme der Mietkaution als Darlehen

c) „Kann"-Vorschrift

Ermessensspielraum hat die Behörde nur dann, wenn im Gesetz bezüglich eines Anspruches formuliert ist, dass dieser gewährt werden „kann".

Beispiel

§ 22 Abs. 6 S. 1 SGB II – Übernahme der Mietkaution

d) Abwägung

Hat die Behörde aus dem Gesetz heraus demnach einen Spielraum, eine Leistung zu gewähren oder nicht, muss sie deutlich machen, dass sie sich mit ihrer Entscheidung in diesem Spielraum bewegt.

In der Praxis kommt es hier leider immer wieder zu gravierenden Mängeln des Behördenhandelns.

Handelt es sich um Ermessenentscheidungen, so wird zwar in der Regel bekundet, dass eine solche getätigt wurde, es fehlt jedoch fast immer an der Darstellung der im Zusammenhang mit der Ermessensausübung zwingend notwendigen Abwägung der Ermessensgesichtspunkte; Das heißt, die Behörde muss die Gesichtspunkte mitteilen, von denen sie bei der Ausübung des Ermessens ausgegangen ist. Entsprechend den Grenzen des Ermessens muss aus der Begründung ersichtlich sein, dass

- sich die Behörde bewusst war, tatsächlich Ermessen auszuüben und
- welche Gesichtspunkte die Behörde bei der Ausübung des Ermessens berücksichtigt bzw. wie sie diese gewichtet hat.

Die Anforderungen an die Begründung sind verpflichtend. Dies wiederum entspricht der gefestigten Rechtssprechung, wonach eine Ermessensentscheidung, welche die Gesichtspunkte für die Ausübung des Ermessens nicht erkennen lässt, in der Regel aufzuheben ist.[34]

Fehlt es daher an einer vollständigen Begründung oder an einer korrekten Ermessensausübung, sind die entsprechenden Bescheide, sowohl im Verwaltungs- als auch später im gerichtlichen Verfahren angreifbar.

e) Heilung

Leidet ein Bescheid an Mängeln, etwa weil bestimmte Formerfordernisse oder Begründungserfordernisse nicht erfüllt sind, so können diese Mängel gegebenenfalls gemäß § 41 SGB X geheilt werden, mit der Wirkung, dass der geheilte Bescheid insoweit nicht mehr mangelbehaftet ist.[35]

ACHTUNG!

Die Heilung führt nicht zur Ersetzung des fehlerhaften Bescheides durch einen fehlerfreien Bescheid, sondern am ursprünglichen Bescheid wird vielmehr eine Nachbesserung durchgeführt.

Für die sozialrechtliche Praxis ist dies bedeutsam, da gegen den „geheilten" Bescheid nicht nochmal ein Rechtsbehelf eingelegt werden muss.

Der „geheilte" Bescheid ist damit aber noch nicht automatisch inhaltlich rechtmäßig.

---

34 SGB X, §35 Rn 4 und 5, Waschull.

35 Eine Heilung kann im Einzelfall aus materiell – rechtlichen Gründen ausscheiden, z.B. wenn die Antragstellung nur innerhalb einer bestimmten Frist, als materielle Ausschlussfrist, zulässig sein soll. Ferner sind nichtige Verwaltungsakte nicht heilbar; siehe dazu SGB X, §41 Rn 4 und 5, Waschull.

Das heißt, der geheilte Bescheid entspricht nun zwar den formalen Voraussetzungen des Gesetzes, er kann aber dennoch materiell-rechtlich rechtswidrig sein.

Die Heilung bezieht sich vielmehr nur darauf, dass zwingende Form- und Begründungserfordernisse als notwendige Bestandteile des Bescheides nachgeholt werden können.

Die nachgeholte Begründung muss im Übrigen aber auch den sonstigen rechtlichen und tatsächlichen Erfordernissen entsprechen, damit der Bescheid als rechtmäßig angesehen werden kann.

5. Rechtsbehelfsbelehrung

Schriftlich ergangene Bescheide sind nach den gesetzlichen Vorgaben mit einer Rechtsbehelfsbelehrung zu versehen (§ 36 SGB X).

Die Rechtsbehelfsbelehrung muss dabei darauf hinweisen, in welcher Weise und bei welcher Behörde Widerspruch gegen den Bescheid eingelegt werden kann.

Zwingend muss die Rechtsbehelfsbelehrung auch die Frist nennen, innerhalb derer der Widerspruch eingelegt werden muss.

Diese Frist ergibt sich aus § 84 Abs. 1 SGG und beträgt einen Monat.

6. Folgen einer fehlenden Rechtsbehelfsbelehrung

Ist der Bescheid nicht mit einer Rechtsbehelfsbelehrung versehen, verlängert sich die Frist zur Einlegung des Widerspruchs auf ein Kalenderjahr (§ 84 Abs. 2 S. 3 SGG i. V. m. § 66 Abs. 2 SGG).

7. Frist und Fristlauf

ACHTUNG!

Die Monatsfrist entspricht nicht 4 Wochen, sondern sie ist vielmehr kalendermäßig zu bestimmen (§ 64 SGG).

Beispiel

Fristbeginn am 04.04.2010

→ Fristablauf am 04.05.2010 um 24 Uhr

Fällt der Tag des Fristablaufes auf einen Samstag, Sonntag oder einen gesetzlichen Feiertag (§ 188 Abs. 3 BGB)

→ Fristablauf 24.00 Uhr des auf den Samstag, Sonn- oder Feiertag folgenden Wochentages (§ 193 BGB).

Beispiel

04.05.2010 ist Samstag

→ Fristablauf am 06.05.2010 (Montag)

Achtung bei Fristen am Monatsende

Beispiel (1)

Fristbeginn am 31.01.2010

→ Fristablauf am 28.02.2010 um 24 Uhr

Beispiel (2)

Fristbeginn am 28.02.2010

→ Fristablauf am 28.03.2010 um 24 Uhr

8. Zustellung

Wichtig für die korrekte Berechnung des Fristlaufes sowohl der Monats- als auch der Jahresfrist ist selbstverständlich der Zeitpunkt, an dem die Widerspruchsfrist (und später gegebenenfalls auch die Klagefrist) zu laufen beginnt.

Grundsätzlich gilt, dass der Fristlauf mit Bekanntgabe des Bescheides in Gang gesetzt wird (§ 84 SGG, § 37 SGB X).

Dies wird regelhaft der Zugang des Bescheides mit der Briefpost an die Adresse des im Bescheid genannten Empfängers sein.

In Privathaushalten verhält es sich nur in den ungewöhnlichsten Ausnahmefällen so, dass der Eingang eines Schreibens etwa per Eingangsstempel dokumentiert wird.

In der Regel wird es der Fall sein, dass der Zugang des Bescheides nicht anhand eines Eingangsvermerkes nachvollzogen werden kann.

TIPP

Briefumschlag mit Poststempel aufheben!

Hier ist es dann von großer Bedeutung den Briefumschlag aufzuheben, mit dem der Bescheid versandt wurde.

§ 37 Abs. 2 SGB X statuiert insoweit fiktiv den Zugang eines Bescheides am dritten Tage nach der Absendung des Bescheides, welche sich aus dem Absendestempel der Post auf den Briefumschlag ersehen lässt.

ACHTUNG!

Der Tag des Zugangs verschiebt sich nicht, wenn der sich aus § 37 Abs. 2 SGB X zu errechnende dritte Tag auf einen Samstag, Sonntag oder gesetzlichen Feiertag fällt.[36]

Objektive Beweislast der Behörde

Die Zugangsvermutung ist unwiderleglich; ausnahmsweise jedoch trifft diese nicht zu, wenn der Bescheid tatsächlich erst nach der Drei-Tages-Frist zugegangen ist.

Dieses muss vom Bescheid-Adressaten behauptet werden. Ihn trifft insoweit eine – obwohl dem Grundsatz der Amtsermittlung widersprechend – Darlegungslast.

Diese Pflicht des Bescheid-Adressaten wird aber insoweit kompensiert, als im Zweifel, wenn der Zugang und dessen Zeitpunkt nicht beweisbar sind, die Behörde die objektive Beweislast trägt;[37] denn der Bescheid-Adressat kann dann idR nicht mehr sagen, als dass er den Bescheid gar nicht oder erst an einem anderen bestimmten Tag erhalten hat. Briefsendungen können auch verloren gehen. Den Nichtzugang eines Briefes kann und muss man nicht beweisen.[38]

36 **§26** Abs. 3 SGB X, der das nur für das Ende einer Frist regelt, kommt hier nicht zur Anwendung, SGB X, §26 Rn 11, von Wulffen; in diesem Sinne auch BSG Urt. v. 06.05.2010, B14AS12/09R.

37 SGB X, §37 Rn 12, Waschull.

38 In diesem Sinne auch SGB X, §37 Rn 13, Waschull.

ACHTUNG!

Nicht kenntlich gemachte Ablehnungen

Im Zusammenhang mit den hier angesprochenen Fragen der Zustellung und des Fristlaufes ist auf ein Phänomen aus der Praxis hinzuweisen, dass ablehnende Bescheide der Behörden nicht immer als solche ausdrücklich zu erkennen sind, etwa wenn die Behörde nicht ausdrücklich formuliert, dass ein gestellter Antrag abgelehnt wird, sich aber aus einer Gesamtschau der behördlichen Äußerung die Verneinung eines Leistungsanspruchs ersehen lässt.

Insbesondere, wenn der Bescheid keine Rechtsbehelfsbelehrung ausweist, kann es sein, dass gegebenenfalls schon die Widerspruchsfrist (und sei es die lange Einjährige) in Gang gesetzt ist, ohne dass man die Notwendigkeit erkennt, Widerspruch einlegen zu müssen.

9. Bestandskraft

Nach Ablauf der Monats- bzw. Jahresfrist wird der Bescheid, – wenn kein Widerspruch eingelegt worden ist-, bestandskräftig und damit unanfechtbar.[39]

Vom Zeitpunkt der Bestandskraft eines Bescheides ist der Zeitpunkt seines Wirksamwerdens eines Bescheides zu unterscheiden. Ein Bescheid wird wirksam mit seiner Bekanntgabe (§ 39 SGB X).

Diese Unterscheidung ist insbesondere wichtig bei Bescheiden, die qua Gesetz oder behördlicher Entscheidung sofort vollziehbar sein sollen, wo also der Widerspruch gegen einen Bescheid keine aufschiebende Wirkung hat.[40]

---

39 Allenfalls bleibt noch die unter I. aufgezeigte Möglichkeit einer Überprüfung nach §44 SGB X

40 Siehe unter I. Wiederherstellung der aufschiebenden Wirkung

D. Widerspruch / Widerspruchsbescheid

Das Widerspruchsverfahren ist in §§ 77 ff. SGG geregelt.

Der Widerspruch gegen einen ablehnenden Bescheid einer Behörde ist gemäß § 84 Abs. 1 SGG innerhalb der schon oben (siehe oben C.) angesprochenen Frist von einem Monat schriftlich oder zur Niederschrift bei der Behörde, die den Bescheid erlassen hat, einzulegen.

1. Auslegung des Widerspruchsbegehrens

Die Widerspruchsschrift muss dabei nicht ausdrücklich mit dem Begriff Widerspruch überschrieben sein, es reicht vielmehr aus, wenn sich aus einer Würdigung des gesamten Vortrages erkennen lässt, dass der Betroffene den Rechtsbehelf des Widerspruchs gegen einen vorher ergangenen Bescheid einlegen wollte.[41]

Wie oben ebenfalls schon ausgeführt (siehe oben A.), muss ein solcher Bescheid nicht schriftlich ergangen sein, wohl aber muss der hiergegen eingelegte Widerspruch nunmehr schriftlich erklärt werden.

2. Begründung des Widerspruchs

Für die Begründung des Widerspruches reicht es aus, wenn man seine Argumentation aus dem ursprünglich gestellten Antrag wiederholt; gegebenenfalls ist es angezeigt, auf offensichtliche Fehler der Behörde in der Begründung der Ablehnung hinzuweisen. Grundsätzlich muss die Behörde nach dem eingelegten Widerspruch die ganze Angelegenheit noch einmal vollinhaltlich von Amts wegen prüfen.

---

41 SGG Kommentar; Meyer-Ladewig/ Keller/ Leitherer (Hg.); 8. Auflage, 2005; Beck Verlag: §83 Rn 2, Leitherer.

3. Widerspruchsbescheid

Auf den Widerspruch hin, kann die Behörde dem Widerspruchsbegehren abhelfen oder muss einen Widerspruchsbescheid erlassen.

Jeder Widerspruchsbescheid muss mit einer Begründung versehen sein, die das Vorgehen der Behörde für den potenziellen Leistungsempfänger nachvollziehbar erscheinen lässt. Dies ergibt sich aus § 85 SGG.

Der Bescheid muss kurz die tragenden Gründe darlegen und insbesondere deutlich machen, auf welche Tatsachen der Bescheid gestützt ist.

Weiterhin ist es noch bedeutsam, dass für den Fall, dass ein Widerspruchsbescheid dem eingelegten Widerspruch nicht abhilft, in dem etwa die ursprünglich begehrte Sozialleistung weiter verweigert wird, gegen den Widerspruchsbescheid auch wieder ein Rechtsbehelf eingelegt werden muss.

Dieser Rechtsbehelf, auf den in der Rechtsbehelfsbelehrung des Widerspruchsbescheides ausdrücklich hingewiesen werden muss, ist die Klage zum Sozialgericht.

ACHTUNG!

Ein Verstoß gegen die oben genannte Begründungs-pflicht des Widerspruchsbescheids ist ein Verfahrensfehler, welcher allerdings nicht zur Nichtigkeit des Bescheides führt; auch ein Widerspruchsbescheid ohne Begründung setzt daher die Klagefrist in Gang (siehe D. unter Fristen und Fristlauf) und kann bestandskräftig werden.

Für die Behörde besteht jedoch die Möglichkeit, die Begründung bis zur letzten Tatsacheninstanz, d. h. bis zur Berufung beim LSG, noch nachzuholen.

Die Nachholung kann grds. auch durch Vortrag im Prozess erfolgen und ist unbeschränkt zulässig (siehe oben zur Heilung).[42]

4. Fristen und Fristlauf

Soweit ein Widerspruchsbescheid mit einer korrekt formulierten Rechtsbehelfsbelehrung versehen ist, beträgt die Klagefrist gemäß § 87 SGG einen Monat, ansonsten ein Jahr.[43]

Was den Fristlauf betrifft, so ist zu berücksichtigen, dass Widerspruchsbescheide regelhaft mit sogenannten **Postzustellungsurkunden** zugestellt werden, auf denen das genaue Datum der Zustellung des Bescheides durch den Postboten vermerkt wird.

Dieses Datum ist dann immer der Ausgangspunkt für die Fristläufe.

42 SGG, §85 Rn 7c, Leitherer.
43 Siehe oben C.

E. Antrag auf Erlass einer einstweiligen Anordnung

Bei vielen Leistungsansprüchen nach dem SGB II und SGB XII handelt es sich um solche, die ihrer Natur nach kein Verwaltungsverfahren, das durchaus auch schon einmal mehrere Jahre dauern kann, vertragen, ohne dass Sinn und Zweck der jeweiligen Regelung im Bedarfsfall völlig ad absurdum geführt würden.

Menschenwürde

Das entscheidende Stichwort ist hier der Begriff „Sicherung eines menschenwürdigen Existenzminimums".

Dabei geht es zum einem darum, dass die menschliche Existenz in ihrer Substanz gesichert wird; dass also potenziell Leistungsberechtigte vor Hunger, Durst, Kälte und sonstiger Unbill der Natur geschützt werden.

Gleichrangig neben der substanziellen Sicherung der Existenz steht jedoch auch die Sicherung der Würde eines jeden Betroffenen, der in die Situation gerät, bedürftig im Sinne der Sozialgesetze zu werden.

Dieser auch verfassungsrechtlich[44] im Range eines Grundrechtes gesicherte Anspruch auf die Gewährung von Sozialleistungen zur Sicherung eines menschenwürdigen Existenzminimums, findet seine Ausprägung etwa darin, dass nicht nur irgendeine Behausung seitens des Staates für die betroffenen Anspruchsberechtigten zur Verfügung gestellt werden muss, sondern eine solche, die auch nach den Regeln der Technik ordentlich mit Wärme, Strom und fließendem warmen und kalten Wasser versorgt werden kann.

---

44 Siehe Fußnote 2.

Die obigen Ausführungen machen deutlich, dass bei Fehlen von Nahrung, Kleidung, Wohnung und Energie nicht lange zugewartet werden kann, ohne dass sich ein Fehlen auch auf die Menschenwürde der Betroffenen auswirkt.

Daher ist bei einer Vielzahl von Leistungen nach dem SGB II und SGB XII ein möglicher Anspruch schnell zu gewähren bzw. bei der rechtswidrigen Verweigerung eines solchen schnell durchzusetzen.[45]

1. Vorgehensweise

Hier kann es sich daher gegebenenfalls als notwendig erweisen, bereits nach dem ersten mündlich erteilten ablehnenden Bescheid, spätestens aber nach Ergehen eines nicht abhelfenden Widerspruchbescheides zu versuchen, dem begehrten Anspruch im Wege einer vom Sozialgericht zu erlassenden einstweiligen Anordnung durchzusetzen.[46]

Bei akuter und drängender Notlage kann im Übrigen bereits bei einer schriftlichen Antragstellung eine Frist gesetzt werden, innerhalb derer die Behörde entscheiden sollte.

Dies erfordert jedoch einen detailliert formulierten, mit allen wesentlichen Daten und Fakten versehenen Antrag, damit die Behörde und gegebenenfalls später auch das Gericht erkennen kann, dass die Fristsetzung wegen größter Eilbedürftigkeit tatsächlich notwendig war.

---

45 Wegen der gesetzlichen Fristen für die Bescheidung eines Antrages bzw. eines Widerspruches siehe unten F.

46 Das Durchlaufen eines vollständigen verwaltungsrechtlichen Vorverfahrens ist für die Beantragung einer einstweiligen Anordnung **nicht** notwendig.

2. Zuständiges Gericht

Zuständig für den Erlass einer entsprechenden Anordnung ist immer das Sozialgericht, das auch für die Behandlung einer Klageforderung (sog. Hauptsache) sachlich und örtlich zuständig wäre.

Wenn sich das zuständige Sozialgericht nicht bereits aus der Rechtbehelfsbelehrung des Widerspruchsbescheides ergibt, so sollte man sich mit dem Antrag auf Erlass einer einstweiligen Anordnung an das räumlich zum Wohnsitz oder auch zum Arbeitsplatz nächstgelegene Sozialgericht wenden.

Sollte dieses im Einzelfall nicht zuständig sein, wird es dem betroffenen Antragsteller von sich aus auf das örtlich zuständige Sozialgericht hinweisen und die Angelegenheit nach dort abgeben.

Sollte dieses Sozialgericht dann gegebenenfalls auch nicht zuständig sein, so ist eine weitere Verweisung gemäß § 98 SGG i. V. m. § 17b GVG nicht möglich, das zuletzt angegangene Gericht muss über die Sache dann auch bei fehlender örtlicher Zuständigkeit entscheiden.

3. Möglichkeiten zur schnellen und effektiven Rechtsdurchsetzung

Zwar gilt auch bei einer sogenannten Eilsache, wie Anträge auf Erlass einer einstweiligen Anordnung, ebenfalls der Amtsermittlungsgrundsatz;[47] es ist jedoch im Hinblick auf eine möglichst schnelle Entscheidung durch das Gericht sinnvoll, dass der Antragsteller von sich aus den schnellsten und effektivsten Weg zur Erreichung seines Zieles einschlägt.

---

47 SGG, § 86b Rn 16a, Keller.

Um eine möglichst zügige und erfolgreiche Durchsetzung zu gewährleisten, empfiehlt es sich, die bei jedem Sozialgericht vorhandene Rechtsantragsstelle zu bemühen oder sogar einen im Sozialrecht kundigen Rechtsanwalt bzw. Fachanwalt hinzuziehen, wodurch allerdings sofort Kosten anfallen, soweit nicht etwa ein gleichzeitig mit dem Antrag gestelltes Prozesskostenhilfegesuch positiv beschieden würde; andererseits ist auch ein Rechtsanwalt nicht immer sofort zugänglich, wenn man ihn braucht, d. h. auch in einer Eilangelegenheit wird man zunächst einen Besprechungstermin vereinbaren müssen.

Schon hierdurch kann Zeit verloren gehen.

Selbst wenn der Anwalt dann nach der Besprechung sofort zur Tat schreitet, ist auch noch der Ablauf in seinem Büro zu berücksichtigen, d. h. ein Schriftsatz muss diktiert, durch das Sekretariat geschrieben und dann an das Gericht weitergeleitet werden; d. h. Terminsvereinbarungen und weitere Bearbeitung der Angelegenheit durch den Anwalt können durchaus mehrere Tage oder noch länger in Anspruch nehmen.

Es kann sich daher einfacher gestalten, gegebenenfalls mit einem Beistand oder einem Sozialberater, die Rechtsantragsstelle eines Sozialgerichtes aufzusuchen.

Abgesehen davon, dass sich hier die Frage der örtlichen Zuständigkeit sofort klärt, sind die Mitarbeiter der Rechtsantragstelle immer auch dabei behilflich, einen Antrag in der notwendigen Form und auch im Hinblick auf die notwendigen Inhalte richtig zu stellen.

Nicht zuletzt ist die Inanspruchnahme der Rechtsantragstelle auch immer kostenlos.

4. Begründung des Antrags

Für die Begründung des Antrags auf Erlass einer einstweiligen Anordnung sind immer drei wesentliche Punkte zu berücksichtigen:

- Es muss ein Anspruch auf die begehrte Leistung als solche überhaupt bestehen (Anordnungsanspruch),
- es muss deutlich gemacht werden, dass die Angelegenheit eilbedürftig ist (Anordnungsgrund),
- der Vortrag auf den sich der Antrag auf Erlass einer einstweiligen Anordnung stützt, muss glaubhaft gemacht werden.

a) Anordnungsanspruch
Hier sollte man all das vortragen, was man bereits ursprünglich gegenüber der zuständigen Behörde vorgetragen hat, um seinen Anspruch zu begründen.

Gegebenenfalls sollte man auch an dieser Stelle darauf eingehen, warum die Argumente der Behörde, den Antrag bisher abzulehnen, nicht stichhaltig sind.

b) Anordnungsgrund
Hier muss all das vorgetragen werden, was einen Antrag wirklich eilbedürftig macht.

Exemplarisch sei hier aufgeführt:

- Der Betroffene und / oder seine Familie verfügt über keine Lebensmittel mehr,
- dem Betroffenen wurde die Gas- und / oder Strom- und / oder Wasserversorgung abgestellt oder
- die Sperrung der entsprechenden Versorgung steht unmittelbar bevor,

- der Betroffene droht seine Wohnung zu verlieren,
- eine Klassenfahrt steht unmittelbar bevor,
- eine lebenserhaltende Heilbehandlung muss kurzfristig durchgeführt werden etc.

c) Glaubhaftmachung

Das Verfahren mit dem man eine einstweilige Anordnung begehrt, muss seiner Natur nach schnell durchgeführt werden; in einem Eilverfahren kann dann aber regelmäßig auch keine Beweisaufnahme wie im Hauptsacheverfahren durchgeführt werden, da eine solche in der Regel sehr zeitaufwendig ist.

Das Gericht nimmt im Eilverfahren daher immer nur eine sog. **summarische Prüfung** des vorgetragenen Sachverhalts und der vorgelegten Rechtsstandpunkte vor, wobei es sich darüber hinaus auf vorgelegte Dokumente bzw. die derzeitige Aktenlage stützt.

Soweit der Vortrag, auf den sich die Begehr einer einstweiligen Anordnung wesentlich stützt, nicht bereits durch die Aktenlage etc. nachvollzogen werden kann, ist vom Antragsteller hinsichtlich des tatsächlichen Vorliegens der vorgetragenen Sachumstände eine **Eidesstattliche Versicherung** mit dem Inhalt abzugeben, dass der in Frage stehende Sachvortrag der Wahrheit entspricht.

ACHTUNG!

Die Abgabe einer falschen eidesstattlichen Versicherung ist strafbar (§ 156 StGB)!

Wird die Eidesstattliche Versicherung vor einem Rechtsanwalt abgegeben, hat dieser auf die Strafbarkeit der Abgabe einer falschen eidesstattlichen Versicherung hinzuweisen; eine gleiche Hinweispflicht wird man für rechtsberatend tätige Sozialberater annehmen dürfen.

Der Text einer eidesstattlichen Versicherung kann wie folgt lauten: „Hiermit versichere ich (Name des Betroffenen) an Eides statt, dass die von mir in dem Schriftsatz vom (Datum) gemachten tatsächlichen Angaben im Zusammenhang mit der Beantragung einer einstweiligen Anordnung zur Erlangung von (Angabe der begehrten Leistung) der Wahrheit entsprechen.
Auf die Strafbarkeit der Abgabe einer falschen eidesstattlichen Versicherung wurde ich hingewiesen.

Datum, Unterschrift."

d) Keine Vorwegnahme der Hauptsache

Mit dem der Eilbedürftigkeit geschuldeten reduzierten Prüfungsmaßstab geht einher, dass in einem Eilverfahren grundsätzlich nicht das Ergebnis einer Entscheidung im Hauptsacheverfahren vorweggenommen werden darf.

Dieser Grundsatz, der die Interessen des Antragsgegners schützen soll, korreliert mit dem Interesse des Antragstellers auf Durchführung des Eilverfahrens, den ansonsten nicht wieder gutzumachenden Schaden oder Nachteil abzuwenden.

In diesem Zusammenhang hat das Gericht grundsätzlich eine Güterabwägung vorzunehmen dahingehend, ob das Interesse des Antragstellers oder des Antragsgegners im Hinblick auf die Tragweite des Ergebnisses der Entscheidung überwiegt.

e) Bewertungsmaßstab des BVerfG

Allerdings hat das BVerfG in seiner Entscheidung vom 12.05.2005[48] diesen Abwägungsprozess in Bezug auf sozialhilferechtliche Ansprüche dahingehend eingeschränkt, dass grundrechtliche Belange des Antragstellers umfassend in die Folgenabwägung einzustellen sind, wenn ohne die Gewährung vorläufigen Rechtsschutzes schwere und unzumutbare, anders nicht abwendbare Beeinträchtigungen entstehen können, die durch das Hauptsacheverfahren nicht mehr zu beseitigen wären.

In einem solchen Fall kann das entscheidende Gericht im Eilverfahren gezwungen sein nicht nur summarisch sondern abschließend zu prüfen;[49] d. h. die begehrte Sozialleistung ist auch dann zu gewähren, wenn möglicherweise Zweifel am Vorliegen des Anspruchs bestehen, andererseits aber die unrechtmäßige Verweigerung der Sozialleistung eine Grundrechtsverletzung darstellen würde.

---

48 BVerfG, Beschluss vom 12.05.2005 – 1 BvR 569/05; info also 2005, 166–169.

49 BVerfG, Beschluss vom 12.05.2005 – 1 BvR 569/05, Orientierungssätze 1b, 2a, 2b, 2c.

F. Exkurs: Die Erhebung einer Untätigkeitsklage gemäß § 88 SGG

Das Gesetz sieht vor, dass ein Antrag spätestens nach einer Frist von 6 Monaten nach Antragstellung beschieden werden muss (§ 88 Abs. 1 SGG).

Der im Zusammenhang mit einem ergangenen Bescheid eingelegte Widerspruch muss von der zuständigen Behörde innerhalb von 3 Monaten beschieden werden (§ 88 Abs. 2 SGG).

Sowohl nach Verstreichen der 6-Monatsfrist (§ 88 Abs. 1 SGG) als auch nach Verstreichen der 3-Monatsfrist (§ 88 Abs. 2 SGG), könnte daran gedacht werden, eine sogenannte Untätigkeitsklage gegen die zuständige Behörde zu erheben (§ 88 SGG).

Ist Dringlichkeit geboten, sollte jedoch an erster Stelle die Einleitung eines Eilverfahrens (siehe oben E.) gedacht werden, wobei diesbezüglich natürlich zunächst erst einmal eine ablehnende Entscheidung der Behörde und sei es in mündlicher Form vorliegen müsste. Die Untätigkeitsklage selbst ist kein Eilverfahren, sondern wird in der verfahrensmäßigen Bearbeitung durch das Gericht wie eine normale Klage behandelt.

Andererseits ist nicht außer acht zu lassen, dass im Einzelfall schon die Androhung einer Untätigkeitsklage und erst recht die Erhebung einer solchen die Behörde zu schnellem Handeln veranlassen kann.

Hinweis

Die Rechtsantragsstelle stellt auch im Falle einer Untätigkeitsklage eine schnelle und effiziente Hilfsmöglichkeit dar.

TIPP

Gegebenenfalls kann ein Eilverfahren auch dadurch vermieden werden, dass der Behörde gegenüber eine Untätigkeitsklage oder die Durchführung eines Eilverfahrens unter „Fristsetzung“ angedroht wird.

G. Art der Leistungsgewährung

Leistungen nach dem SGB II und dem SGB XII können als Beihilfe (die nicht zurückgezahlt werden muss) oder als Darlehen gewährt werden.

Dabei sieht das Gesetz nur in 2 Fällen (§ 24 SGB II und § 37 II SGB XII) ausdrücklich eine Rückgewährung des Darlehens während des Leistungsbezuges vor.[50]

Weniger bekannt ist allerdings, dass Leistungen auf die grundsätzlich ein Anspruch besteht, auch zunächst in Form eines Vorschusses oder als vorläufige Leistung gewährt werden können.

1. Vorschüsse, § 42 SGB I

Grundsätzlich soll durch die Vorschrift verhindert werden, dass der Leistungsberechtigte bei längerer Dauer des Verfahrens zur Feststellung der Höhe seines Anspruchs Nachteile dadurch erleidet, dass er die ihm dem Grunde nach zustehende Sozialleistung zunächst nicht, auch nicht zu einem Teil, erhält.[51]

Im Hinblick auf die Gewährung von Vorschüssen gemäß § 42 SGB I müssen nicht nur die Voraussetzungen des § 40 SGB I (Entstehen der Ansprüche) vorliegen, die begehrten Leistungen müssen darüber hinaus auch fällig sein (§ 41 SGB I). Die Bewilligung eines Vorschusses, welche nur Geldleistungen betreffen, ist eine sogenannte „Kann-Vorschrift“, d. h. der Leistungsträger muss hier im Hinblick auf seine Entscheidung einen Vorschuss zu gewähren, Ermessen ausüben.

---

50 Bezüglich der Problematik, die sich bei darlehensweise gewährten Leistungen in der Praxis ergibt, siehe insbesondere unten 4.

51 SGB I, § 42 Rn 5, Lilge.

Bei der Ermessensausübung[52] wird hier insbesondere die aktuelle wirtschaftliche Situation des Betroffenen zu berücksichtigen sein.

Antrag

Die Ermächtigung, eine Ermessensentscheidung im Hinblick auf die Auszahlung eines Vorschusses treffen zu können, entfällt jedoch, sobald der Berechtigte die Zahlung von Vorschüssen beantragt. Ist ein solcher Antrag gestellt, so beschränkt sich der Ermessensspielraum auf die Höhe und auf den Beginn der Vorschüsse.[53]

ACHTUNG!

Wurde ein Antrag auf Gewährung eines Vorschusses gestellt und dieser Antrag abgelehnt, so kann gegen diese Ablehnung Widerspruch eingelegt werden, d. h., es eröffnet sich das Verwaltungsverfahren zur Überprüfung des ablehnenden Bescheides (siehe oben C.).

Sinnvollerweise sollte jedoch gegen einen ablehnenden Bescheid wegen eines beantragten Leistungsvorschusses darüber hinaus eine einstweilige Anordnung mit dem Ziel der Auszahlung des Vorschusses beantragt werden (siehe oben E.). Auch hier dürfte es sich wieder aus der Natur der Sache ergeben, dass Dringlichkeit gegeben ist; wobei, wenn die Voraussetzungen für die Auszahlung eines Vorschusses ansonsten gegeben sind, der Anordnungsanspruch[54] ohnehin unstreitig sein dürfte.

---

52 Siehe oben C., zur Begründung eines Bescheides.
53 SGB I, § 42 Rn 43, Lilge.
54 Siehe oben E. 4.

2. Vorläufige Leistungen, § 43 SGB I [55]

Zweck der Vorschrift ist es, Nachteile abzuwenden, die dem Einzelnen aus der differenzierten institutionellen Gliederung unseres Sozialleistungssystems entstehen können.[56]

Im Gegensatz zu § 42 SGB I ist hier nicht die Höhe des fraglichen Leistungsanspruches unklar bzw. streitig. Fraglich ist allerdings, welcher Leistungsträger zuständig und somit zur Erbringung der ansonsten unstreitigen Leistung verpflichtet ist.

Antrag
Solange kein ausdrücklicher Antrag auf die Gewährung von vorläufigen Leistungen gestellt wurde, liegt die Gewährung von vorläufigen Leistungen im Ermessen der erstangegangen Behörde.

ACHTUNG!

Wurde ein Antrag auf vorläufige Leistungserbringung gestellt, muss die zuerst angegangene Behörde vorläufig Leistungen erbringen.

Ein später gegebenenfalls durchzuführender Erstattungsanspruch zwischen der erstangegangen Behörde und der eigentlich zuständigen Behörde ist eine interne Angelegenheit dieser Behörden.

---

55 Dieser Norm geht § 40 SGB II iVm §§ 328 ff. SGB III vor.
56 SGB I, § 43 Rn 4, Lilge.

3. Vorläufige Leistungen nach § 41a SGB II

a) Mit dem im Sommer 2016 in Kraft getretenen Rechtsvereinfachungsgesetz hat der Gesetzgeber besondere Vorschriften zur vorläufigen Leistungsgewährung (Vorschüsse) für Bezieher von Leistungen nach dem SGB II erlassen (§ 41a SGB II), welche die Gewährung vorläufiger Leistungen für diesen Personenkreis einerseits wohl den besonderen Erfordernissen des SGB II entsprechend anpassen, andererseits jedoch die Materie auch besonders komplex regeln.

Zweck der Vorschrift ist hier, wie bei der allgemeineren Regelung des § 42 SGB I, den Betroffenen schon Leistungen vorläufig gewähren zu können, auch wenn die Höhe des Leistungsanspruches noch nicht abschließend festgestellt werden kann (§ 41a Abs. 1 Nr. 2); oder, und insofern geht § 41a SGB II weiter als § 42 SGB I, noch Unklarheit über die Frage besteht, ob überhaupt ein Leistungsanspruch nach dem SGB II gegeben ist.

In der Vorschrift ausdrücklich angesprochen sind in diesem Zusammenhang Fallkonstellationen, in denen ein Anspruch bzw. die Höhe eines Anspruches fraglich sein könnte, weil auf Seiten des bzw. der Betroffenen weiteres, zunächst der Höhe nach nicht feststellbares Einkommen für die abschließende Feststellung des Leistungsanspruches zu berücksichtigen ist; für diese Konstellationen scheint die neue Regelung hilfreich.

Die Anwendung der Regelung des § 41a SGB II ist jedoch extrem problematisch, wenn ein vorläufiger Bescheid aus Gründen ergeht, die nicht in einem möglicherweise noch zu erwartenden bzw. schwankenden Einkommen liegen. Hier ist etwa an eine noch ausstehende Vorlage von Unterlagen oder gegebenenfalls noch bei anderen Behörden zu stellende Anträge etc. zu denken.

Dies wird dann deutlich, wenn etwa die vorläufig festgesetzte Leistung (unter den im Gesetz genannten Einschränkungen – etwa Antragstellung -) durch reinen Zeitablauf (ein Jahr) als abschließend festgesetzt gelten soll (Abs. 5). Hier wirkt sich dann besonders negativ die nunmehr zeitlich verkürzte rückwirkende Überprüfungsmöglichkeit von rechtswidrigen Bescheiden gemäß § 44 SGB X i. V. m. § 40 SGB II aus (siehe unten J); **wenn nämlich der Bescheid über die Gewährung vorläufiger Leistungen auch mit einer korrekten Rechtsmittelbelehrung versehen ist, wird dieser Bescheid einen Monat nach seiner Bekanntgabe bestandskräftig und ist damit nicht mehr angreifbar.**

TIPP

Leistungsberechtigte sollten im Zweifel vor Ablauf der Jahresfrist des § 41a Abs. 5 SGB II immer einen Antrag auf endgültige Feststellung der ihnen zustehenden Leistungen stellen.

Musterantrag

„Ich beantrage hiermit abschließend festzustellen in welcher gesetzlichen Höhe mir mit Bescheid vom (Datum) bisher nur vorläufig gewährte Leistungen zustehen.

Unterschrift"

b) Eine neu geregelte Besonderheit der Vorschrift ist weiterhin die Möglichkeit nur vorläufig Leistungen erbringen zu können, wenn im Hinblick auf die Vereinbarkeit von Vorschriften des SGB II mit höherrangigem Recht Verfahren vor dem Bundesverfassungsgericht oder dem Gerichtshof der Europäischen Union anhängig sind bzw. eine rechtsentscheidungserhebliche Rechtsfrage von grundsätzlicher Bedeutung Gegenstand eines Verfahrens beim Bundessozialgerichts ist (§ 41a Abs. 7).

Zu den speziell für das SGB II relevanten Tatbeständen gehören im Übrigen, dass die Gewährung vorläufiger Leistungen sich auch auf alle Mitglieder einer Bedarfsgemeinschaft erstrecken kann (§ 41a Abs. 1 S. 2)

Weiterhin, dass bei Hinzuverdiensten im Sinne von § 11b Abs. 1 Nr. 6 SGB II diese bei der Feststellung der Höhe der vorläufigen Leistung nicht zu berücksichtigen sind und, dass bei der abschließenden Feststellung eines Leistungsanspruches nach § 41a Abs. 3 ein monatliches Durchschnittseinkommen zugrunde zu legen ist (Abs. 4 S. 1), welches in Abs. 4 S. 3 definiert ist.

Ist die vorläufig bewilligte Leistung nicht identisch mit der abschließend zu gewährenden Leistung, so hat der Leistungsträger von sich aus[57] abschließend über den Leistungsanspruch zu entscheiden.

Eine abschließende Entscheidung hat auch zu erfolgen, wenn der Leistungsberechtigte dies beantragt (Abs. 3) (siehe oben Musterantrag).

c) Eine weitere Ausnahme von einer automatischen abschließenden Feststellung der zuvor nur vorläufig gewährten Leistungen stellt die Fallkonstellation dar, in der der Leistungsanspruch nur in geringerer Höhe als die vorläufig gewährten Leistungen besteht. Hier gilt eine einjährige maximal zehnjährige Frist ab Kenntnis des Leistungsträgers von den Tatsachen, die den geringeren Leistungsanspruch begründen. **Erfolgt innerhalb der genannten Frist dann keine Entscheidung, gilt der Leistungsanspruch auch als abschließend festgesetzt.**

---

57 Das heißt, der Leistungsträger muss schon über alle Informationen verfügen, die eine abschließende Entscheidung tragen würden.

Schließlich enthält § 41a in seinem Abs. 6 auch noch eine eigene Verrechnungsnorm (siehe hierzu unten 6.)

3.1 Höhe vorläufiger Leistungen

Es stellt sich im Übrigen die Frage wie hoch eine vorläufig zu gewährende Leistung im Hinblick auf die Sicherstellung des menschenwürdigen Existenzminimums mindestens festzusetzen ist.

Dies wird wohl unter Berücksichtigung der ansonsten vom Gesetzgeber im SGB II und SGB XII vorgenommenen Wertung (§ 43 Abs.2 S. 1 SGB II) ein Betrag sein, der den höchstens um zehn Prozent gekürzten Maximalanspruch des Leistungsberechtigten ausmacht (menschenwürdiges Existenzminimum).[58]

In der Literatur[59] wird im Übrigen richtigerweise auf die Problematik hingewiesen, dass der Leistungsträger bei der Prognose von zusätzlichem Einkommen nicht von unrealistisch hohen Zuflüssen ausgehen darf. Auf jeden Fall sollte die Höhe von zu erwartendem anzurechnenden Einkommen aus der Begründung des Bescheids über die Gewährung vorläufiger Leistungen plausibel herleitbar sein.

TIPP

Wenn die Behörde von einem offensichtlich zu hohen Einkommenszufluss ausgeht, sollte der Bescheid sofort mit einem Widerspruch angefochten werden.

58 In diesem Sinne auch Staiger in info also 5/2016 S. 208 (209) unter Bezugnahme auf die Gesetzesbegründung.

59 Staiger a. a. O.

Muster-Widerspruch

„Hiermit wird gegen den Bescheid vom (Datum) betreffend die Gewährung vorläufiger Leistungen (Aktenzeichen) nach dem SGB II **insoweit Widerspruch eingelegt,** als mein/unser prognostiziertes zu berücksichtigendes Einkommen unrealistischerweise zu hoch angesetzt wurde.

(Dieser Formulierung können dann noch Ausführungen angefügt werden, die die falsche Prognose der Behörde belegen)

Unterschrift"

ACHTUNG!

§ 41a Abs. 3 S. 2 SGB II sieht nunmehr auch eine Verpflichtung der leistungsberechtigten Personen vor, nach Ablauf des Bewilligungszeitraums die zum Erlass einer abschließenden Entscheidung geforderten leistungserheblichen Tatsachen nachzuweisen. Hier sollte frühzeitig und abschließend mit der Behörde Übereinstimmung dahingehend erzielt werden, um welche Tatsachen es sich handelt, da bei Versäumnis der Nachweis- und Auskunftspflicht gegebenenfalls nicht mehr der volle Leistungsanspruch geltend gemacht werden kann (§ 41a Abs. 3 S. 3 SGB II).

4. Darlehen

Mit der Novellierung des SGB II im Zuge der umfassenden Hartz-IV Reform, die zum 01.01.2011 in Kraft getreten ist, hat der Gesetzgeber, soweit er Leistungsansprüche als Darlehen ausgestaltet hat, diese Leistungsart nunmehr in eine einheitliche Systematik gestellt und insbesondere auch die Rückzahlung der darlehensweise gewährten Leistungen einheitlich geregelt.

Das SGB II sieht nunmehr folgende als Darlehen zu gewährenden Leistungen vor:

(1) § 22 Abs. 6 SGB II: Mietkaution/**Genossenschaftsanteil**

(2) § 22 Abs. 8 SGB II: Darlehen zur Abwendung von Wohnungslosigkeit oder vergleichbarer Notlage

(3) § 24 Abs. 1 SGB II: Unabweisbarer Bedarf zur Deckung einer ansonsten von Regelbedarf umfassten Leistung

(4) **§ 24 Abs. 4 SGB II: Für vorzeitig verbrauchte einmalige Einnahmen nach § 11 Abs. 3 S. 4 SGB II**

(5) § 24 Abs. 5 SGB II: Darlehen wegen Unmöglichkeit sofortiger Vermögensverwertung

(6) **§ 27 Abs. 3 SGB II: Darlehen für Auszubildende für Regelbedarfe, den Mehrbedarf nach § 27 Abs. 7, Bedarfe für Unterkunft und Heizung, Bedarfe für Bildung und Teilhabe und notwendige Beiträge zur Unfall- und Krankenversicherung**

Es ist jedoch zu beachten, dass gemäß § 42a SGB II Darlehen nur erbracht werden, wenn ein Bedarf weder durch Vermögen nach § 12 Abs. 2 S. 1 Nr. 1, 1a und 4 noch auf andere Weise gedeckt werden kann.

Mit dem Rechtsvereinfachungsgesetz vom 01.08.2016 stellt der Gesetzgeber nunmehr klar, dass Darlehen auch bei Vorhandensein von Schonvermögen oder sonstiger Deckungsmöglichkeit erbracht werden können, wenn es um Leistungen zur Sicherung des Lebensunterhalts geht (§ 42a Abs. 1 S. 4 SGB II)

ACHTUNG!

Die Darlehensgewährung gemäß § 22 Abs. 6 SGB II (Mietkaution) und § 22 Abs. 8 SGB II (Abwendung drohenden Wohnungsverlustes) sind als „Soll-Vorschrift" ausgestaltet.

D. h. regelhaft sind in diesen Bedarfsituationen Darlehen zu gewähren.

Im Ausnahmefall kann es jedoch sein, dass die fragliche Leistung als „verlorener Zuschuss" zu gewähren wäre, dann nämlich, wenn etwa dem Leistungsberechtigten die Tilgung des Darlehens nicht zugemutet werden kann.

Eine entsprechende Prüfung müsste im Einzelfall durch die Behörde vorgenommen werden, damit die darlehensweise Gewährung rechtmäßig ist.[60]

TIPP

Bei der Behörde sollte daher zunächst ein Antrag gestellt werden, die Mietkaution bzw. die Miet- oder Energieschulden als Zuschuss zu gewähren, der nicht zurückzuzahlen ist.

---

60 Nach wie vor unbefriedigend und unzureichend ist die im Rahmen der HARTZ-IV Gesetzgebung eingeführte strikte Pauschalierung von Sozialhilfeleistungen, ohne das, wie noch zu Zeiten der Geltung des BSHG auch die Gewährung von einmaligen Hilfen zum Lebensunterhalt möglich wäre. Die Vorstellung des Gesetzgebers, dass der Leistungsberechtigte aus angesparten Anteilen des pauschalierten Regelsatzes besondere einmalige Bedarfe finanziert, wird hier in ihrer ganzen Absurdität deutlich.

Behörde als Inkassostelle des Gläubigers

ACHTUNG!

In den Fällen in denen sich Leistungsberechtigte an die Behörde wegen der Übernahme von Miet- und Energieschulden wenden (§ 22 Abs. 8 SGB II), kommt es nicht selten zu Konstellationen, in denen die Sozialbehörden etwa zwischen den betroffenen Energieversorgern als Gläubigern und den Sozialhilfeberechtigten als Schuldnern eine Ratenzahlungsvereinbarung vermitteln, auf die die Behörde dann aus dem Regelsatz die vereinbarten monatlichen Raten an den Gläubiger abführt.

Die Behörde tritt hier jeweils als Inkassostelle der Gläubigerseite auf, wobei häufig auch die Quoten der monatlichen Rückzahlungen willkürlich festgesetzt werden. Diese Verwaltungspraxis verstößt in grober Weise gegen Recht und Gesetz, denn die zuständige Behörde entzieht sich hier ihrer gesetzlichen Verpflichtung zur Leistung gegenüber dem Betroffenen und umgeht zu Gunsten der Gläubigerseite die Pfändungsschutzrechte des Leistungsberechtigten.

Häufig werden solche Sachverhalte dann noch mit dem Argument scheinbar legitimiert, der Sozialleistungsberechtigte habe ja freiwillig die entsprechende Ratenzahlungsvereinbarung mit seinem Gläubiger unterschrieben.

Verschwiegen wird dabei, dass der Berechtigte durch die Behörde weder bezüglich der für ihn geltenden Pfändungsschutzrechte noch umfänglich über die ihm zustehenden Leistungsansprüche nach dem SGB II bzw. SGB XII informiert, beraten und aufgeklärt wurde.

5. Rückzahlung des Darlehens

§ 42a Abs. 2 SGB II regelt einheitlich für alle gewährten Darlehen eine Rückzahlung durch monatliche Aufrechnung mit dem Regelbedarf in Höhe von 10 %.

Vor der Novellierung des SGB II mit dem Rechtsvereinfachungsgesetz vom 01.08.2016 konnte man die genannte 10 % Grenze als Obergrenze für die Verrechnung von Darlehen mit dem Regelsatz ansehen; mit der vollständigen Änderung des § 43 SGB II, dort Abs. 2 S. 2 muss nunmehr wohl, wenn Darlehen nach § 42a SGB II mit Aufrechnungstatbeständen nach § 43 Abs. 1 Nr. 1 – 4 SGB II zusammenfallen von einer Höchstaufrechnungsgrenze von 30 % ausgegangen werden. Dies stellt eine Verschlechterung der Situation der Betroffenen dar.

Soweit Darlehen wegen der Unmöglichkeit der Verwertung vorhandenen Vermögens gewährt werden, gilt zusätzlich die Besonderheit, dass nach erfolgter Verwertung das Restdarlehen sofort in voller Höhe zu tilgen ist.

Soweit eine Mietkaution (§ 22 Abs. 6 SGB II) als Darlehen gewährt wurde, soll bei Rückzahlung der Kaution durch den Vermieter das entsprechend gewährte Kautionsdarlehen in voller Höhe zur Rückzahlung an die Behörde fällig sein.

Wird dabei die Kaution durch den Vermieter nicht in voller Höhe zurückerstattet, so dass der noch ausstehende Darlehensbetrag durch die Rückzahlung nicht voll gedeckt ist, soll über den Differenzbetrag mit der Behörde eine neue Rückzahlungsvereinbarung getroffen werden, wobei die wirtschaftlichen Verhältnisse des Darlehensnehmers zu berücksichtigen sind (§ 42a Abs. 3 SGB II).

Mietkaution

Soweit ein Darlehen für eine Mietkaution/**Genossenschaftsanteil** verweigert wird, weil diese aus dem Schonvermögen (§ 12 Abs. 2 SGB II) zu tragen ist, stellt sich die Frage, ob die Kaution, die ja dem Zugriff des Mieters entzogen ist, noch zum Schonvermögen hinzugezählt werden darf oder ob dies richtigerweise nicht der Fall ist. Andererseits ergibt sich aus der Regelung des § 42a Abs. 3 S. 1 2. Alt. SGB II, dass der bereits getilgte Teil des Kautionsdarlehens nach Beendigung des Mietverhältnisses beim Mieter verbleiben soll, also in dessen Vermögen angewachsen ist. Der leistungsberechtigte Mieter hat somit aus seinem Regelsatz „Vermögen angespart", dass für den Fall, dass der entsprechende Betrag erneut für eine Kaution verwandt werden muss, nie zur tatsächlichen Verfügung steht.

Die Vorgabe von § 42 Abs. 1 S. 1 SGB II stellt somit zumindest im Hinblick auf die Zahlung der Mietkaution aus dem Schonvermögen keine sachgerechte Lösung dar; sie führt vielmehr zu einer systemwidrigen zumindest zeitweisen Verkürzung des menschenwürdigen Existenzminimums, ohne dass der Betroffene hierfür einen reellen, d. h. nutz- bzw. verbrauchbaren Gegenwert in Händen hielte.[61]

Das BSG hat im Übrigen in seinem Beschluss von 29.06.2015 (Az.: B 4 AS 11/14 R) festgestellt, dass die Tilgung einer darlehensweise gewährten Mietkaution aus dem Regelbedarf nicht zulässig ist.[62]

---

61 In diesem Sinne nunmehr auch SG Berlin, Urteil vom 22.02.2013, S 37 AS 25006/12

62 Nach dem Rechtsvereinfachungsgesetz vom 01.08.2016 wird sich diese Rechtsansicht auch auf darlehensweise gewährte Kosten für die Übernahme von Genossenschaftsanteilen erstrecken müssen.

6. Aufrechnung

Bereits § 51 SGB I sieht eine allgemeine Aufrechnungsmöglichkeit vor, die es den zuständigen Leistungsträgern ermöglicht, gegen sie gerichtete Ansprüche auf Geldleistungen mit ihrerseits bestehenden Ansprüchen gegen den Berechtigten aufzurechnen, soweit diese pfändbar sind.

Die Regelung des § 51 Abs. 1 und 2 SGB I betreffen jedoch nicht die Aufrechnungstatbestände, die sich aus dem SGB II und SGB XII ergeben können, denn § 51 SGB I geht von einer Aufrechnungslage aus, in der der Betroffene gerade nicht bedürftig im Sinne des SGB II oder SGB XII ist.

Entsprechend sind im SGB II und SGB XII besondere Aufrechnungsnormen eingeführt.

§ 43 SGB II

Der Gesetzgeber hat die Vorschrift des § 43 SGB II, die erst vor rund fünf Jahren novelliert worden war, noch einmal komplett neu gefasst.

Die Regelung sieht nunmehr eine vielleicht als übersichtlicher zu bezeichnende Darstellung der Erstattungsansprüche vor, mit denen das Jobcenter aufrechnen kann. Nämlich

1. Erstattungsansprüche nach § 50 des SGB X
2. Ersatzansprüche nach § 34 und § 34a SGB II
3. Erstattungsansprüche nach § 34b SGB II und
4. Erstattungsansprüche nach § 41a Abs. 6 S. 3 SGB II

Erstattungsansprüche, die auf ein dem Leistungsberechtigten nicht vorwerfbares Verhalten oder Umstand zurück gehen (§ 41a SGB II oder § 48 Abs. 1 S. 2 Nr. 3 SGB X iVm § 50 SGB X) sind mit maximal 10 % des der leistungsberechtigten Person zustehenden Regelbedarfes in sonstigen Fällen

(Bösgläubigkeit/ vorwerfbares Verhalten) mit maximal 30 % aufzurechnen.

Als absolute Obergrenze für die Aufrechnung auch mit laufenden Aufrechnungen nach § 43 und nach § 42a Abs. 2 SGB II sind 30 % des für eine leistungsberechtigte Person maßgeblichen Regelsatzes festgeschrieben.

Insofern stellt diese neue Regelung eine Verschlechterung der Situation der Leistungsberechtigten im Verhältnis zur vorherigen Rechtslage dar (siehe auch oben 5.).

ACHTUNG!

Darlehensweise gewährte Kautionen bzw. Genossenschaftsanteile dürfen nicht mit dem Regelsatz verrechnet werden.

7. Einschränkung, Aufrechnung nach §26 Abs. 2 SGB XII

Diese Norm entspricht inhaltlich der alten Regelung des § 43 SGB II und sieht bei schuldhafter Herbeiführung einer Überzahlung von Sozialleistungen eine Aufrechnung vor, wobei im Unterschied zu § 43 SGB II aF die Aufrechnungsmöglichkeit nicht prozentual begrenzt ist.

Die Regelleistungen können hier bis auf das jeweils Unerlässliche mit den Rückzahlungsansprüchen des Trägers verrechnet werden.

Diese Regelung wird in Rechtsprechung und Literatur so verstanden, dass eine Kürzung um 20 bis 30 % der maßgebenden Regelleistung möglich sein soll.[63]

---

63 SGB XII Sozialhilfe; Münder; 8. Auflage, 2008; Nomos: §26 Rn 17, Grube/ Wahrendorf.

Hier wird im Einzelfall mit der Behörde darüber zu verhandeln sein, was unter konkreter Würdigung aller Umstände des Einzelfalls tatsächlich als angemessene Verrechnungsquote bestimmt werden kann.

ACHTUNG!

Strafbarkeit

In jedem Falle dürfte bei vorsätzlich herbeigeführter ungerechtfertigter Auszahlung von Sozialleistungen immer auch der Straftatbestand des § 263 StGB (Betrug) erfüllt sein.

H. Sanktionen

1. Einführung

Der Regelungszweck der §§ 31 ff. SGB II erschließt sich vor dem Hintergrund des Programms, nach dessen Vorgabe die Hartz-IV Gesetzgebung formuliert wurde.

Dieses Programm wird gemeinhin unter dem Schlagwort „Fördern und Fordern" zusammengefasst.

Der Aspekt des Forderns weist dabei darauf hin, dass von Arbeitslosigkeit Betroffene in zumutbarer Weise auch eigene Anstrengungen erbringen müssen, um wieder einen sozialversicherungspflichtig vergüteten Arbeitsplatz zu erlangen, was den Bezug von Leistungen nach dem SGB II überflüssig macht.

Vor diesen Hintergrund sehen die §§ 31, 31a und b, 32 SGB II geldbewährte Sanktionen gegen den erwerbsfähigen Leistungsempfänger vor, der sich in vermeintlich nicht ausreichender Weise um Arbeit bzw. um Entlastung des SGB II-Systems bemüht.

a) Fehlverhalten des Leistungsempfängers

Als sanktionsauslösendes Fehlverhalten zählt das Gesetz in § 31 SGB II folgende Pflichtverletzungen auf:

Wenn erwerbsfähige Hilfebedürftige sich trotz Belehrung über die Rechtsfolgen weigern,

1. die in der Eingliederungsvereinbarung oder in dem diese ersetzenden Verwaltungsakt nach § 15 Abs. 1 S. 3 SGB II festgelegte Pflichten zu erfüllen, insbesondere in ausreichendem Umfang Eigenbemühungen nachzuweisen,
2. eine zumutbare Arbeit, Ausbildung, Arbeitsgelegenheit nach § 16d oder eine mit einem Beschäftigungszuschuss nach § 16e geförderte Arbeit aufzunehmen,

fortzuführen oder deren Anbahnung durch ihr Verhalten verhindern,
3. zumutbare Maßnahmen zur Eingliederung zur Arbeit nicht antreten, abbrechen oder Anlass für den Abbruch gegeben haben.

Eine Pflichtverletzung von erwerbsfähigen Leistungsberechtigten ist auch anzunehmen wenn,

1. sie nach Vollendung des 18. Lebensjahres ihr Einkommen oder Vermögen in der Absicht vermindert haben, die Voraussetzung für die Gewährung oder Erhöhung des Arbeitslosengeldes II herbeizuführen,
2. sich trotz Belehrung über die Rechtsfolgen oder deren Kenntnis ihr unwirtschaftliches Verhalten fortsetzen,
3. ihr Anspruch auf Arbeitslosengeld ruht oder erloschen ist, weil die Agentur für Arbeit das Eintreten einer Sperrzeit oder das Erlöschen des Anspruchs nach den Vorschriften des Dritten Buches festgelegt hat oder
4. sie die im Dritten Buch genannten Voraussetzungen für das Eintreten einer Sperrzeit erfüllen, die das Ruhen oder das Erlöschen eines Anspruchs auf Arbeitslosengeld begründen.

Als weitere Pflichtverletzung wird im § 32 SGB II die sogenannte **Meldeversäumnis** angesprochen, sei es die Versäumnis sich bei dem zuständigen Träger selbst zu melden oder zu einem ärztlichen oder psychologischen Untersuchungstermin zu erscheinen.

§ 31a SGB II regelt nunmehr die Rechtsfolgen aus Pflichtverletzungen gemäß § 31 SGB II.

§ 31b SGB II regelt im Einzelnen Beginn und Dauer der Sanktion.

Die Bedeutung der §§ 31, 31a und b, 32 SGB II als zentralem Ansatzpunkt zur Durchsetzung des gesellschaftlichen Anspruchs auf Mitwirkung wird deutlich, wenn ins Bewusstsein gerückt wird, dass die Sanktionen Kürzungen bis hin zur Streichung des menschenwürdigen Existenzminimums darstellen.

ACHTUNG!

Die Weigerung, eine Engliederungsvereinbarung abzuschließen, kann nicht sanktioniert werden. Bei Eingliederungsvereinbarungen handelt es sich um öffentlich-rechtlich Verträge, zu deren Abschluss man nicht gezwungen werden kann. Wenn eine Eingliederungsvereinbarung abgeschlossen wurde und der Leistungsbezieher verstößt gegen eine der dort getroffenen Regelungen, dann ist im Zusammenhang mit der Verhängung einer Sanktion jedoch zu prüfen, ob

- die entsprechende Regelung als solche überhaupt zumutbar ist und / oder

- die Regelung, gegen die möglicherweise verstoßen wurde, überhaupt hinreichend bestimmt ist.

In beiden Fällen kann gegen die Sanktionen mit Erfolg Rechtsmittel eingelegt wurden.

b) Dauer der Sanktion

Nach § 31b SGB II beträgt die Minderung immer noch 3 Monate, unabhängig davon ob von dem Hilfebedürftigen während dieses Zeitraumes keine Pflichtverletzung mehr vorgeworfen werden kann.

Die nach § 31b Abs. 1 S. 3 SGB II dreimonatige Wirkung von Absenkung und Wegfall setzt stets das Wirksamwerden des feststellenden Bescheids voraus.

ACHTUNG!

Das Wirksamwerden des Sanktionsbescheides tritt mit seiner Bekanntgabe ein (§ 39 Abs. 1 SGB X). Widerspruch und Klage gegen den Sanktionsbescheid haben keine aufschiebende Wirkung. Es ist daher notfalls ein Eilverfahren zur Wiederherstellung der aufschiebenden Wirkung anzustrengen (siehe unter I. Wiederherstellung der aufschiebenden Wirkung)!

c) Verkürzung

Unter Berücksichtigung aller Umstände des Einzelfalls, kann der Träger die Absenkung und den Wegfall der Regelleistung bei erwerbsfähigen Hilfebedürftigen, die das 15. Lebensjahr, jedoch noch nicht das 25. Lebensjahr vollendet haben, auf sechs Wochen verkürzen.

Der 3-monatige Absenkungs- und Wegfallzeitraum beginnt erst mit dem Kalendermonat, der auf das Wirksamwerden des Bescheids folgt und kann nur mit Wirkung für die Zukunft eintreten.[64]

Während der Absenkung oder des Wegfalls der Leistung besteht (§ 31b Abs. 2 SGB II) kein Anspruch auf ergänzende Hilfen zum Lebensunterhalt nach den Vorschriften des SGB XII.

2. Kürzung der Regelleistung

Umfang

Eine „einmalige Pflichtverletzung" nach § 31a Abs. 1 S. 1 SGB II liegt vor, wenn der Hilfebedürftige innerhalb eines Zeitraums von 3 Monaten (Dauer der Sanktion nach § 31b Abs. 1 S. 2 SGB II) die in § 31 SGB II genannten Sanktionstatbestände erfüllt.

---

64 Insoweit ist §31b SGB II eine gegenüber §48 SGB X vorrangige Sonderreglung.

In diesem Fall erfolgt eine Kürzung des zu zahlenden Arbeitslosengeldes II in Höhe von 30 % der maßgeblichen Regelleistung nach § 20 SGB II.

Bei einer wiederholten Pflichtverletzung nach § 31 SGB II erfolgt nunmehr eine Kürzung um 60 % des für den erwerbsfähigen Leistungsberechtigten nach § 20 SGB II maßgebenden Regelbedarfs.

Jede weitere wiederholte Pflichtverletzung führt zum vollständigen Wegfall des Arbeitslosengeldes II.

Bei erwerbsfähigen Leistungsberechtigten, die das 25. Lebensjahr noch nicht vollendet haben, ist das Arbeitslosengeld II bei einer Pflichtverletzung (§ 31a Abs. 2 S. 1 SGB II) auf die Bedarfe nach § 22 SGB II (Kosten für Unterkunft und Heizung) beschränkt.

Erklären sich erwerbsfähige Leistungsberechtigte, die das 25. Lebensjahr noch nicht vollendet haben, nach vollständigen Entzug der Leistungen nachträglich bereit ihren Pflichten nachzukommen, kann der Träger unter Berücksichtung aller Umstände des Einzelfalls ab diesem Zeitpunkt wieder Bedarfe für Unterkunft und Heizung berücksichtigen (§ 31a Abs. 2 S. 3 SGB II).

Bei einer Absenkung der Regelleistung um mehr als 30 % kann die Behörde im Wege einer Ermessensentscheidung in angemessenem Umfang ergänzende Sachleistungen oder geldwerte Leistungen, insbesondere Lebensmittelgutscheine, erbringen (§ 31a Abs. 3 S. 1 SGB II).

Der Träger hat solche ergänzenden Leistungen zu erbringen, wenn Leistungsberechtigte mit minderjährigen Kindern in einer Bedarfsgemeinschaft leben.

ACHTUNG!

Die Tatsache, dass die Kürzung oder sogar der völlige Wegfall des Arbeitslosengeldes II auch dann für den gesamten Sanktionszeitraums gelten soll, wenn der über 25-jährige Leistungsberechtigte sich anders besinnt und die Pflichtverletzung abstellt, dürfte gegen den Grundsatz der Verhältnismäßigkeit verstoßen.

Die Betroffenen sollten insofern die Möglichkeit eingeräumt bekommen, durch Erfüllung ihrer Verpflichtungen den Wegfall der Leistungen rückgängig zu machen.

Gemäß § 31a Abs. 1 SGB II liegt eine wiederholte Pflichtverletzung vor, wenn bereits zuvor eine Minderung festgestellt wurde. Sie liegt nicht vor, wenn der Beginn des vorangegangenen Minderungszeitraums länger als 1 Jahr zurückliegt.

Für eine Pflichtverletzung nach § 32 Abs. 1 SGB II liegt die Höhe der Sanktionen bei einer Kürzung des ALG-II oder des Sozialgeldes um 10 % des für sie nach § 20 SGB II maßgebenden Regelbedarfes.

ACHTUNG!

Hier kann der Leistungsberechtigte allerdings der Kürzung entgehen, indem er einen wichtigen Grund für sein Meldeversäumnis darlegt und nachweist (§ 32 Abs. 1 S. 2 SGB II).

ACHTUNG!

Die 10 %-ige Kürzung aus § 32 Abs. 1 SGB II kann mit einer Kürzung nach § 31a SGB II kumulieren; § 31a Abs. 3 SGB II und § 31b SGB II gelten entsprechend (§ 32 Abs. 2 SGB II).

3. Zur Problematik der Kürzungstatbestände / Rechtsprechung

Leistungen nach den Hartz-IV Gesetzen sollen das menschenwürdige Existenzminimum sichern. Hierauf besteht, wie schon ausgeführt, ein grundgesetzlich geschützter Anspruch. Entsprechend ist die Kürzung von Leistungen, die das menschenwürdige Existenzminimum sicher stellen sollen, per se problematisch.

Die Problematik der Kürzungsregelungen bzw. ihrer Handhabung kann dabei auch im Hinblick auf die neue Gesetzesstruktur an folgendem, vom BSG entschiedenen Fall, exemplarisch dargestellt werden, wobei das BSG wegen der Schwere des sanktionierenden Eingriffs besonders strenge Anforderungen an die Erfüllung seiner Voraussetzungen stellt.

Beispiel

In dem genannten Urteil vom 17.12.2009[65] *geht es um die Absenkung (§ 31 Abs. 3 S. 2 SGB II aF entspricht § 31a Abs. 1 S. 2 SGB II nF) des ALG-II aufgrund des Nichtantritts eines 1 Euro-Jobs.*

Der beklagte Grundsicherungsträger bot der Leistungsempfängerin eine Arbeitsgelegenheit gegen Mehraufwandsentschädigung (1,50 Euro) als Gemeindearbeit an.

Dabei hatte die beklagte Seite die Rechtsfolgenbelehrung standardisiert im Erscheinungsbild ihrer allgemeinen Geschäftsbedingungen erteilt, zusätzlich bezog sich die Belehrung auch allgemein auf Arbeitsgelegenheiten.

Jedoch fehlt es im Hinblick auf die der Klägerin tatsächlich angebotene Arbeitsgelegenheit an einer speziellen Rechts-

65 BSG Urteil vom 17.12.2009 – B 4 AS 30/09 R.

folgenbelehrung, für den Fall, dass sie die Stelle nicht anträte.

Da die Klägerin die ihr angebotene Arbeitsgelegenheit nicht wahrnahm, verhängte die beklagte Seite eine Sanktion gemäß § 31 SGB II aF (entspricht § 31a Abs. 2 S. 2 SGB II nF).

Diese Sanktion wurde vom BSG in seinem oben genannten Urteil letztlich als rechtswidrig eingestuft, da die beklagte Seite die im § 31 SGB II aF (entspricht § 31a Abs. 2 S. 2 SGB II nF) geregelten Voraussetzungen für den Ausspruch einer Sanktion nicht berücksichtigt hatte.

a) Spezielle Rechtsfolgenbelehrung

Zu diesen Voraussetzungen gehört nämlich eine spezielle Rechtsfolgenbelehrung (siehe unten 4.) im Hinblick auf den Eintritt einer Sanktion in Bezug zur konkret dem Leistungsempfänger angebotenen Arbeitsgelegenheit.[66]

b) Direkte Ansprache

Der betroffene Leistungsempfänger muss im Hinblick auf die Sanktion wegen der Nichtwahrnehmung der Arbeitsgelegenheit direkt angesprochen sein.

4. Voraussetzungen der Rechtsfolgenbelehrung als Grundlage für die Durchsetzung von Sanktionen

1. Aus dem Vorgenannten ergeben sich daher nach der Rechtsprechung des BSG folgende Anforderungen an die Formulierung einer Rechtsfolgenbelehrung, um darauf gestützt Sanktionen gemäß §§ 31 ff. SGB II aussprechen und durchsetzen zu können:

---

66 Siehe hierzu §31 Abs. 1 S. 1 SGB II.

Die Rechtsfolgenbelehrung hat dem Leistungsberechtigten

- konkret
- eindeutig
- verständlich und
- rechtlich zutreffend

die unmittelbaren und konkreten Auswirkungen eines bestimmten Handelns vor Augen zu führen.

2. Die Belehrung muss erkennen lassen, welche Handlung von dem Hilfebedürftigen verlangt wird, um eine Absenkung zu vermeiden bzw. abzuwenden.
3. Dabei kann die Rechtsfolgenbelehrung formfrei, also auch mündlich erfolgen, soweit nicht, wie in § 31 Abs. 1 S. 1 SGB II, ausdrücklich eine schriftliche Belehrung gefordert ist.
4. Nach ihrem Inhalt muss die Rechtsfolgenbelehrung über die Absenkung bzw. den Wegfall der Leistung als solchen belehren und auf
   - Beginn
   - Dauer und
   - den Ausschluss von ergänzenden Leistungen der Hilfe zum Lebensunterhalt nach dem SGB XII

   hinweisen.
5. Weiterhin muss die Belehrung widerspruchsfrei sein, d. h., dass dem Betroffenen nicht mehrere, einander widersprechende Belehrungen erteilt werden dürfen, ohne deutlich zu machen, in welchem Verhältnis sie zueinander stehen.
6. **Die Rechtsfolgenbelehrung ist materielle Absenkungsvoraussetzung**, wobei die Darlegungs- und Beweislast

für eine ordnungsgemäß erfolgte Rechtsfolgenbelehrung bei der leistungsgewährenden Behörde liegt.

7. Die Rechtsfolgenbelehrung muss der Pflichtverletzung und der tatsächlichen Absenkung der Leistung vorausgehen und kann nicht durch eine nachträgliche Erläuterung der Gründe für eine Absenkung ersetzt werden.

5. Rechtsbehelf gegen die Kürzung

Der Bescheid der Hartz-IV Behörde, welcher den Ausspruch einer Sanktion gemäß der §§ 31 ff. SGB II zur Folge hat, ist ein normaler Bescheid, der wie schon oben in D. und E. im Hinblick auf seine mögliche Fehlerhaftigkeit bzw. Rechtswidrigkeit durch Widerspruch und Klage angegriffen werden kann.

Eilverfahren möglich
Da die in § 31a SGB II vorgesehenen Sanktionen insofern gravierender Art sind, als man schon die 30 %-ige Kürzung in der ersten Stufe in den Fällen des § 31 SGB II als schwerwiegenden Eingriff in die Sicherung des menschenwürdigen Existenzminimums einstufen muss, sollte bereits bei Vornahme dieser Kürzung erwogen werden, diese auch im Wege eines Eilverfahrens (Wiederherstellung der aufschiebenden Wirkung siehe unten I.) anzugreifen, da Widerspruch und Klage keine aufschiebende Wirkung haben.

Den Wegfall der aufschiebenden Wirkung von Widerspruch und Klage im Falle der sanktionsweisen Kürzung von Sozialleistungen liegt der Rechtsgedanke zu Grunde, dass bei einem Fehlverhalten des Leistungsempfängers ein öffentliches Interesse an der Kürzung der Sanktionen höher zu bewerten ist, als die Weitergewährung von Leistungen im Rahmen eines menschenwürdigen Existenzminimums.

Um die Wiederherstellung der aufschiebenden Wirkung bei Sanktionsfällen zu erreichen, muss man diese Wertung angreifen indem man etwa darauf hinweist, dass die Behörde sich selbst bei der Feststellung der dem Sanktionstatbestand zu Grunde liegenden Tatsachen falsch verhalten hat bzw. dass dem Betroffenen ein bestimmtes Fehlverhalten gar nicht vorgeworfen werden kann. Die Wiederherstellung der aufschiebenden Wirkung ist auch dann vorzunehmen, wenn die sofortige Durchführung einer Kürzung offensichtlich unbillig ist (siehe unten I.) Dann aber kann der Wegfall der aufschiebenden Wirkung nicht mehr gerechtfertigt werden und die Behörde muss für die Durchführung einer möglichen Kürzung den Ausgang des Hauptsacheverfahrens abwarten.

6. Bußgeldbescheide

Das SGB II sieht in seinem neunten Kapitel die Möglichkeit vor, bei Verstoß gegen die Mitwirkungspflichten gemäß §§ 56 ff. auch Bußgelder verhängen zu können. Der Verstoß gegen die Mitwirkungspflichten wird entsprechend als Ordnungswidrigkeit behandelt.

Obwohl es in der Praxis bisher selten vorzukommen scheint, dass Bußgelder verhängt werden, soll auf folgendes hingewiesen werden:

a) Einspruch gegen den Bußgeldbescheid

Gegen einen Bußgeldbescheid ist jeweils ein eigenes Rechtsmittel, nämlich ein Einspruch, bei der das Bußgeld erlassenden Stelle innerhalb von 14 Tagen einzulegen.

In einer Entscheidung über den Einspruch kann die Behörde auch eine nachteiligere Entscheidung als im ursprünglichen Bußgeldbescheid treffen.

Wird nach einem Einspruch der Bußgeldbescheid aufrecht erhalten, gibt die Behörde den Vorgang sodann an das zuständige Amtsgericht und damit an die ordentliche Gerichtsbarkeit ab.

ACHTUNG!

Bei Erlass eines Bußgeldbescheides als Betroffener immer einen Rechtsanwalt hinzuziehen.

b) Zusätzlicher Rückforderungsbescheid

Mit dem Erlass eines Bußgeldbescheides ergeht häufig auch ein weiterer Bescheid, in dem die Behörde etwa vermeintlich zu viel gezahlte Sozialleistungen zurückfordert, (§ 45 SGB X) einher. Gegen einen solchen Bescheid ist wie schon oben unter D. beschrieben mit einem Widerspruch vorzugehen.

TIPP TIPP

Sollte sich im Zusammenhang mit der Prüfung eines Rückforderungsbescheides nach § 45 SGB X etwa herausstellen, dass die Behörde keine Rückforderungsmöglichkeit hat, da die Voraussetzungen des § 45 SGB X nicht vorliegen, muss diese Wertung auch im Bußgeldverfahren berücksichtigt werden, d. h., in der Regel dürfte der Bußgeldbescheid dann nicht aufrecht erhalten werden.

I. Wiederherstellung der aufschiebenden Wirkung

Es kommt zwar im Zusammenhang mit dem Leistungsrecht des SGB II und des SGB XII eher seltener vor, dass die zuständige Behörde etwa Rückforderungsbescheide wegen überzahlter Sozialleistung für sofort vollstreckbar erklärt; sieht man sich jedoch einem solchen Fall gegenüber, ist es wichtig schnell zu reagieren, um die Vollstreckung abzuwenden.

Hier ist es zunächst wichtig zu wissen, dass grundsätzlich Bescheide nicht sofort vollstreckbar sind. Dies ergibt sich aus § 86a Abs. 1 S. 1 SGG.

Die Behörde kann jedoch unter den Voraussetzungen des § 86a Abs. 2 Nr. 1 bis 5 SGG, soweit ein besonderes öffentliches Interesse besteht, einen Bescheid für sofort vollstreckbar erklären. Dabei muss die Behörde, wenn nicht eines der Regelbeispiele des § 86a Abs. 2 Nr. 1 bis 5 SGG vorliegt, den Abwägungsprozess darlegen, den sie im Hinblick auf das Vorliegen eines **überwiegenden öffentlichen Interesses** vorgenommen hat. Hier ist dann gegebenenfalls auch ein Ansatzpunkt für die Verhinderung der sofortigen Vollstreckbarkeit zu suchen, wenn der Abwägungsprozess offensichtliche Mängel aufweist.

Gegen einen für sofort vollziehbar erklärten Bescheid kann der Adressat jedoch derart vorgehen, dass er gemäß § 86a Abs. 3 SGG **bei der den Bescheid erlassenen Behörde** die Wiederherstellung der aufschiebenden Wirkung beantragt. § 86a Abs. 3 SGG sieht hierfür zwei Voraussetzungen vor, wenn

- ernstliche Zweifel an der Rechtmäßigkeit des angefochtenen Bescheides bestehen und
- das Vorliegen einer unbilligen Härte gegeben ist.

a) Ernsthafte Zweifel an der Rechtmäßigkeit

Ernstliche Zweifel an der Rechtmäßigkeit des angefochtenen Bescheides bestehen immer, wenn ein Bescheid Mängel aufweist, wie etwa

- offensichtliche Unrichtigkeit, wie Schreib- und Rechenfehler;
- Verletzung von Vorschriften über Verfahren, Form oder örtlicher Zuständigkeit;
- falsche dem Bescheid zu Grunde gelegte Tatsachen bzw. rechtliche Wertungen;
- fehlende oder fehlerhafte Rechtsbehelfsbelehrung (siehe oben C.);
- falscher Adressat;
- fehlende inhaltliche Bestimmtheit usw.

b) Vorliegen einer unbilligen Härte

Unbilligkeit liegt vor, wenn dem Betroffenen durch die Vollziehung Nachteile entstünden, die über die eigentliche Zahlung hinausgehen, und diese nicht oder nur sehr schwer wiedergutgemacht werden können.[67]

c) Vorgehensweise

Wenn die zuständige Behörde zu erkennen gibt, dass sie die aufschiebende Wirkung für nicht gegeben erachtet oder innerhalb angemessener Zeit (i. d. R. höchstens 2 Wochen) auf ein Ansinnen auf Klarstellung nicht reagiert, besteht seitens des Betroffenen die Möglichkeit direkt beim für die Hauptsache zuständigen Gericht einen Antrag nach § 86b Abs.1 SGG auf Wiederherstellung der aufschiebenden Wirkung zu stellen. Es ist in diesem Zusammenhang nicht erforderlich zuvor bei der Widerspruchsstelle einen Antrag auf Feststellung der aufschiebenden Wirkung zu stellen.

---

67 SGG, §86a Rn 27, Keller.

Für die Stellung eines Antrags auf Wiederherstellung der aufschiebenden Wirkung kann genauso vorgegangen werden, wie dies oben schon unter E. auf den Antrag auf Erlass einer einstweiligen Anordnung schon dargestellt wurde.

Inhaltlich muss die offensichtliche Rechtswidrigkeit des Sanktionsbescheides und die Unbilligkeit der Folgen der Sanktion hervorgehoben werden.

J. Was tun, wenn ein Bescheid bestandskräftig geworden ist oder wenn die Behörde Sozialleistungen zurückverlangt bzw. Leistungsbescheide aufhebt?

Systematische Darstellung:

Anfänglich rechtswidriger Bescheid zu Ungunsten des Betroffenen	Anfänglich rechtswidriger Bescheid zu Gunsten des Betroffenen	Wesentliche Änderung der Verhältnisse beim zunächst rechtmäßigen Bescheid
Überprüfungsantrag oder ggf. Rücknahme gem. § 44 SGB X	Rücknahme gem. § 45 bzw. § 48 SGB X	Aufhebung gem. § 48 SGB X

ACHTUNG!

§§ 44, 45 SGB X sind gegenüber § 48 SGB X vorrangig anzuwendende Spezialnormen.

Bei nicht mehr möglicher Rücknahme eines anfänglich rechtswidrigen Bescheides, mit der er gem. § 45 SGB X nicht mehr zurückgenommen werden kann, findet § 48 Abs. 3 SGB X Anwendung.

Eine analoge Anwendung der Regelungen des § 48 SGB X ist nicht möglich, da mit Blick auf die Regelung des § 48 Abs. 3 SGB X keine Regelungslücke besteht.

1. Der Antrag gemäß § 44 SGB X[68] (Rücknahme eines rechtswidrigen nicht begünstigenden Bescheides)

In der Praxis kommt es immer wieder vor, dass Betroffene aus den verschiedensten Gründen die im Zusammenhang mit der Bestandskraft eines Bescheides zu berücksichtigende Frist zur Einlegung eines Rechtsbehelfes versäumen.

Durch dieses Versäumnis wird der fragliche Bescheid bestandskräftig und damit zwischen den Beteiligten in seinem Inhalt wirksam.

Insbesondere, wenn in einem solchen Bescheid zu Unrecht Sozialleistungen nicht in der gesetzlich vorgeschriebenen Höhe gewährt wurden oder gar gänzlich verneint wurden, ist dies für den Betroffenen natürlich eine äußerst unbefriedigende Situation.

Hier kann, auch nach nunmehr durch das Rechtsvereinfachungsgesetz vom 01.08.2016 erneuter zeitlicher Einschränkung der Anwendbarkeit, mit einem **Überprüfungsantrag** nach § 44 SGB X (siehe unten: Musterantrag) Abhilfe geschaffen werden, denn § 44 SGB X sieht vor, dass für den Fall, dass in einem Bescheid das Recht unrichtig angewandt oder von einem Sachverhalt ausgegangen worden ist, der sich als

---

68 Mit der Novellierung der Hartz-IV-Gesetze zum 1. April 2011 hat sich auch eine Änderungen bzw. Ergänzungen in SGB II (§ 40 I S. 2) und SGB XII (§ 116 a) ergeben, welche die Anwendbarkeit von § 44 SGB X einschränken. Danach soll in Fällen von Leistungsansprüchen der Betroffenen eine rückwirkende Überprüfung der entsprechenden Bescheide der Behörden nur noch mit einer Frist von einem Kalenderjahr beginnend ab dem 1. Januar, der dem Jahr der Erteilung des Bescheides folgt, möglich sein.
Vor dem Hintergrund der bisher nur als mangelhaft zu bezeichnenden Bescheidungspraxis stellt dies eine gravierende Einschränkung der Rechtsposition der Betroffenen dar; auch offensichtlich unrechtmäßige Leistungsbescheide sollen nach Ablauf der Frist nicht mehr überprüfbar sein. Es spricht daher vieles dafür, dass die Regelungen der §§ 40 I S. 2 SGB II und § 116 a SGB XII nicht mit der Verfassung im Einklang stehen.

unrichtig erweist, dieser Bescheid auch nachdem er unanfechtbar geworden ist, mit Wirkung für die Vergangenheit zurückgenommen werden kann.

Dabei statuierte das Bundessozialgericht zunächst rechtsordnungskonform für die Anwendbarkeit von § 44 SGB X einen weiten Spielraum im Rahmen des ursprünglichen Gesetzestextes für die Nutzung dieser Vorschrift (siehe hierzu Fußnote 67). Dies ist besonders bemerkenswert, da die seinerzeit für Sozialhilfeangelegenheiten zuständige Verwaltungsgerichtsbarkeit eine solche Möglichkeit insbesondere für die Vergangenheit betreffende Leistungsansprüche kategorisch verneint hatte.

Nach der aktuellen Novelle kann jetzt nur noch maximal vier Jahre nach Ablauf des Jahres, in dem der fragliche Verwaltungsakt bekannt gegeben wurde, ein Antrag auf Überprüfung nach § 44 SGB X gestellt werden.

Für Verwaltungsakte, mit denen über die Gewährung von Leistungen nach dem SGB II abschließend entschieden wurde, gilt wie schon nach der Novelle von 2011 nur eine einjährige Überprüfungsfrist.[69]

Eine durch das Rechtsvereinfachungsgesetz neu eingeführte Besonderheit ist im Übrigen, dass nach § 44 SGB X rechtswidrige Verwaltungsakte, die

1. auf einer Rechtsnorm beruhen, die durch eine Entscheidung des Bundesverfassungsgerichts für nichtig oder für unvereinbar mit dem Grundgesetz erklärt worden ist oder, die
2. in ständiger Rechtsprechung anders als durch den für die jeweilige Leistungsart zuständigen Träger der Grundsicherung für Arbeitsuchende ausgelegt worden ist

69 Siehe hierzu Fußnote 65

nur mit Wirkung für die Zeit nach der Entscheidung des Bundesverfassungsgerichtes oder ab dem Bestehen der ständigen Rechtsprechung zurückzunehmen sind (§ 40 Abs. 3 S. 1 SGB II).

Ebenso nur mit Wirkung für die Zukunft ist ein Verwaltungsakt aufzuheben, wenn in den tatsächlichen Verhältnissen der leistungsberechtigten Person Änderungen eintreten, aufgrund derer nach Maßgabe des § 41a SGB II vorläufig zu entscheiden wäre.

Insbesondere die Regelung des § 40 Abs. 3 S. 1 SGB II stellt für betroffene Leistungsempfänger eine weitere Verschlechterung ihrer Verfahrensrechte dar und stärkt andererseits in rechtsstaatlich bedenklicher Weise die Position der leistungsgewährenden Behörden. Haben diese nämlich Bescheide erlassen, die nach der Rechtsprechung des BSG als rechtswidrig anzusehen sind, kann eine Überprüfung solcher Bescheide, die nicht den höchstrichterlich entschiedenen Einzelfall betreffen, für die Vergangenheit nur noch eingeschränkt erfolgen; das heißt, dass entgegen den Grundsätzen der Einheitlichkeit des Verwaltungshandelns offensichtlich rechtswidrige Bescheide über § 44 SGB X nicht mehr überprüft werden können, auch wenn diesbezüglich ansonsten die Jahresfrist des § 40 Abs. 1 S. 2 SGB II noch nicht abgelaufen wäre.

2. Die Voraussetzungen des § 45 SGB X (Rücknahme eines rechtswidrigen begünstigenden Bescheides)

Von nicht unerheblicher praktischer Bedeutung sind auch Fälle in denen die Behörde zu viel bezahlte Sozialleistungen von den betroffenen Leistungsempfängern zurückverlangt.

Dieses ist grundsätzlich möglich. Allerdings wird auf behördlicher Seite häufig nicht die in diesem Zusammenhang notwendige Prüfung der Rückforderungsmöglichkeit gemäß § 45 SGB X durchgeführt (siehe unten a und b).

a) Widerspruch gegen Rückforderungsbescheid

Insofern ist auch die Einlegung eines entsprechenden Widerspruchs (siehe oben D.) gegen den Rückforderungsbescheid angezeigt.

ACHTUNG!

Wird ein Rückforderungsbescheid rechtskräftig, wird die Behörde in der Regel den Rückforderungsbetrag mit laufender Sozialleistung verrechnen.

Bezüglich der Zulässigkeit dieser Verrechnung als solcher, siehe oben H unter § 26 SGB XII.

Wird gegen eine unzulässige Verrechnung allerdings nicht fristgerecht Widerspruch eingelegt, wird es schwierig und insbesondere langwierig, hiergegen noch erfolgreich vorgehen zu können – man muss dann seinem Geld hinterherlaufen, während ansonsten die Behörde die Beitreibungslast zu tragen hätte.

b) Voraussetzungen Rückforderungen

Vertrauensschutz

Die komplex formulierte Vorschrift des § 45 SGB X erlaubt die Rückforderung nach einer differenzierten Stufenprüfung unter der grundsätzlichen Prämisse, dass ein rechtswidriger begünstigender Bescheid nicht zurückgenommen werden darf, soweit der Begünstigte auf den Bestand des Bescheides vertraut hat und sein Vertrauen unter Abwägung mit dem öffentlichen Interesse an einer Rücknahme schutzwürdig ist (§ 45 Abs. 2 S. 1 SGB X).

Böswilligkeit des Leistungsempfängers

Zunächst ist dabei zu prüfen, inwieweit die Voraussetzungen des § 45 Abs. 2 S. 3 SGB X vorliegen, nämlich, dass sich der Betroffene nicht auf einen Vertrauenstatbestand berufen kann; d. h., wenn er in einer schuldhaft zurechenbaren Weise den Erlass des begünstigenden Bescheid herbeigeführt bzw. nicht verhindert hat, siehe § 45 Abs. 2 S. 3 Nr. 1–3 SGB X.

In diesen Fällen kann eine zu Unrecht erbrachte Leistung zurückgefordert werden.

Das Gleiche gilt im Zusammenhang der Erbringung von vorläufigen Leistungen bzw. Vorschüssen nach § 41a SGB II (und nach §§ 42, 43 SGB I), wenn sich diese als zu hoch erwiesen haben. Dem Charakter der Vorläufigkeit dieser Leistungen ist es immanent, dass insoweit kein Vertrauensschutz bestehen kann (siehe auch unten c).

Verbrauch der erhaltenen Leistungen

Liegt eine solche „Bösgläubigkeit" bzw. Arglist auf Seiten des Betroffenen nicht vor, ist zu prüfen, ob der Begünstigte erbrachte Leistungen verbraucht oder eine Vermögensdisposition getroffen hat, die er nicht mehr oder nur unter unzumutbaren Nachteilen rückgängig machen kann (§ 45 Abs. 2 S. 2 SGB X).

Ist dies der Fall, darf auch eine seinerzeit zu Unrecht erbrachte Leistung nicht mehr zurückgefordert werden.

Dies heißt im Umkehrschluss, dass, wenn die zu Unrecht erbrachten Sozialleistungen durch den betroffenen Empfänger noch nicht verbraucht sind, diese grundsätzlich durch die Behörde zurückgefordert werden können.

§ 45 Abs. 2 S. 2 SGB X stellt dabei ein Regelbeispiel für das Ergebnis des in § 45 Abs. 2 S. 1 SGB X angesprochenen Abwägungsprozesses zwischen den Belangen des betroffenen Leistungsempfängers und den öffentlichen Belangen dar.

Das heißt, es ist durchaus auch eine andere als die in Satz 2 zum Ausdruck kommende Fallkonstellation (Mittelverbrauch, Härte etc.) denkbar, unter der ein Rückforderungsanspruch der Behörde ausscheidet.

Beispiel

Ein Bezieher von Sozialhilfe hatte im Zusammenhang mit der Auskunftserteilung über seine Einkommens- und Vermögensverhältnisse korrekterweise ein kleines laufendes Einkommen gegenüber der Behörde angegeben.

Im konkreten Bescheid, aufgrund dessen Leistungen gewährt wurden, wurde dieses geringe Einkommen zunächst nicht berücksichtigt; erst bei einer späteren Überprüfung wurde der Fehler festgestellt.

Die Behörde verlangte darauf hin zu viel gezahlte Sozialhilfe zurück.

Der überzahlte Betrag sollte in monatlichen Raten vom Regelsatz abgezogen werden.

Im oben geschilderten Beispielsfall ist die Rückforderung der überbezahlten Sozialhilfebeträge rechtswidrig gewesen, da offensichtlich kein Verschulden auf Seiten des Sozialhilfeempfängers vorlag und auch der überbezahlte Anteil an der Sozialhilfe aus der Berechnung des Sozialhilfebescheides nicht offensichtlich zu erkennen war.

Vor dem Hintergrund, dass die überbezahlten Leistungen bereits verbraucht waren und die de-facto-Kürzung des Regelsatzes als Einschränkung des menschenwürdigen Existenzminimums eine unzulässige Härte darstellte, war der Rückforderungsbescheid aufzuheben.

c) Problem: Wegfall des Vertrauensschutzes gemäß § 45 Abs. 2 SGB X / lange Zeit der Rechtsunsicherheit in Hinblick auf den tatsächlichen Leistungsanspruchs

§ 41a Abs. 2 S. 5 SGB II schließt die Anwendbarkeit von § 45 Abs. 2 SGB X (Vertrauensschutz) auf rechtswidrige Verwaltungsakte in Hinblick auf die Gewährung vorläufiger Leistungen aus.[70]

Unabhängig von dieser ausdrücklich problematischen Einschränkung der Rechtsposition des Betroffenen ergibt sich auch aus der Gesamtkonstruktion von § 41a SGB II ein gesetzlich definierter langer Zeitraum der Unsicherheit in dem ohnehin kein Vertrauensschutz im Sinne von § 45 Abs. 2 S. 1 SGB X entstehen könnte.

Die angesprochene Zeit der Unsicherheit beginnt mit Erlass des Bescheides über eine der Höhe und dem Grunde nach nur vorläufig zu gewährenden Leistung. Erfolgt sodann kein

70 Ob in dieser apodiktischen Weise eine Regelung für Leistungsbezieher nach dem SGB II außer Kraft gesetzt werden kann, welche letztlich eine Ausprägung des Rechtsstaatsprinzips zugunsten des Bürgers darstellt, erscheint unter verfassungsrechtlichen Gesichtspunkten fraglich.

Antrag seitens des Betroffenen auf abschließende Bescheidung oder stellt die Behörde nicht von sich aus abschließend die Höhe der tatsächlich zu gewährenden Leistung fest, gilt die vorläufig gewährte Leistung nach Ablauf eines Jahres (§ 41a Abs. 5 SGB II) als abschließend festgesetzt. Das heißt jedoch nicht, dass damit Rechtssicherheit über diesen Umstand eingetreten ist; den Leistungsberechtigten trifft nämlich gemäß § 41a Abs. 3 S. 2 SGB II dann ja noch die Pflicht, die für eine abschließende Entscheidung leistungserheblichen Tatsachen nachzuweisen.

Dies kann sich, insbesondere wenn die Betroffenen erstmals nach der Jahresfrist des Bewilligungszeitraums im Rahmen ihrer Mitwirkungspflicht aufgefordert werden, als schwierig erweisen und kann im Endeffekt auch zu Kürzungen der vorläufig gewährten Leistung führen, wenn es dem Betroffenen nicht gelingt seinen Leistungsanspruch mindestens in dieser Höhe nachzuweisen (§ 41a Abs. 3 S. 3 SGB II).

Jedenfalls kann bis zur abschließenden Feststellung des für einen zurückliegenden Zeitraum tatsächlich zustehenden Leistungsanspruches kein Vertrauensschutz nach § 45 Abs. 2 S. 1 SGB X entstehen.

Auf diese Weise werden die Konsequenzen eines häufig fehlerhaften Verwaltungshandelns, lange über die Bestandskraftwirkung der ursprünglichen Verwaltungsakte hinaus, auf die Leistungsberechtigten abgewälzt.

3. Wesentliche Änderung der Verhältnisse und daraus folgende Aufhebung eines Bescheides mit Dauerwirkung (§ 48 SGB X)

a) Struktur

Zum Verständnis des Anwendungsbereiches des § 48 SGB X auch im Verhältnis zu den §§ 44 und 45 SGB X ist hervorzuheben, dass es sich bei gegebenenfalls nach § 48 SGB X aufzuhebenden Bescheiden um solche handelt, welche zum Zeitpunkt ihres Erlasses auf jeden Fall rechtmäßig waren und sich erst im späteren Zeitablauf Umstände eingeholt haben, die die Ursprungsentscheidung in Frage stellen. Hinsichtlich des möglichen Aufhebungszeitpunktes unterscheidet § 48 SGB X bezüglich des Zeitpunktes bzw. Umfangs der Aufhebung 3 Fallgestaltungen:

aa) Grundsätzlich gilt, dass die Anpassung der Rechtsbeziehung aufgrund geänderter Verhältnisse mit Wirkung **für die Zukunft** vorzunehmen ist (Abs. 1 S. 1), d. h. in der Regel ab Zugang des neuen Bescheides bzw. mit Beginn des neuen Leistungszeitraumes (bei Hilfen zum Lebensunterhalt o. ä.) also mit Beginn des auf den neuen Bescheid folgenden nächsten Monatsanfang.

bb) Von diesem Grundsatz gibt es in qualifizierten Fällen (Absatz 1 S. 2 Nr. 1-4) Ausnahmen nach dem eine Aufhebung **mit Wirkung vom Zeitpunkt der Änderung der Verhältnisse** vorzunehmen ist.

Dabei können die in der Regelung abschließend aufgezählten Ausnahmen nochmals 2 Kategorien zugeordnet werden, nämlich

- die Nr. 1 und 3 wegen Umständen, aus denen der Betroffene keinen tatsächlichen Nachteil hat und

- die Nr. 2 und 4 wegen Umständen, denen ein schuldhaftes Verhalten des Betroffenen zugrunde liegt.

Insofern folgen die Regelung des § 48 SGB X allgemeinen rechtsstaatlichen Grundsätzen der Güterabwägung im Falle der Gewährung von Vertrauensschutz bzw. Fehlverhalten der Betroffenen.

§ 48 Abs. 1 S. 2 SGB X ist eine sogenannten „Soll" – Vorschrift, d. h. hinsichtlich des Vorgehens bei den abschließend aufgezählten Fallgestaltungen hat die Behörde nur ein **eingeschränktes Ermessen**.

Ein abweichendes Vorgehen der Behörde kann in den Fällen der Nr. 1-4 daher nur statthaft sein, wenn es ansonsten zu einer besonders unbillig erscheinenden Härte kommen würde.

cc) Eine Besonderheit stellt im Übrigen die Regelung des § 48 Abs. 3 SGB X dar, der Anwendung findet, wenn ein Bescheid aufgrund der Feststellungen des § 45 SGB X Bestandskraft hat und nicht mehr aufgehoben werden kann.

In diesen Fällen ist die sich aus der Änderung der Umstände ergebende rechtwidrige Leistungshöhe als Mindesthöhe anzunehmen. Eine Erhöhung könnte nur erfolgen, wenn diese auch der rechtmäßigen Höhe der Leistungen entspräche.

Ansonsten kommt es solange nicht zu einer Erhöhung der Leistung, bis die rechtmäßige Leistungshöhe die rechtswidrige erstmals übersteigt.[71]

b) Dauerwirkung

Bei Leistungsbescheiden gemäß dem SGB II bzw. SGB XII handelt es sich, soweit Hilfe zum Lebensunterhalt geleistet wird bzw. die Kosten für Wohnung und Heizung über-

71 SGB X, § 48 Rn 91, Waschull.

nommen werden, in der Regel um Bescheide mit Dauerwirkung, da die genannten Bescheide sich auf Bewilligungszeiträume von 6 Monaten im SGB II bzw. 12 Monaten im SGB XII beziehen.

Somit ist bei einer wesentlichen Änderung der Verhältnisse grundsätzlich von einer Möglichkeit der Aufhebung eines Leistungsbescheides aus den Bereichen des SGB II bzw. SGB XII gemäß § 48 SGB X auszugehen.

c) Wesentliche Änderung

Für die uns hier interessierenden Fallgestaltungen ist dabei zunächst die Klärung des Begriffs „wesentliche Änderung" bedeutsam. Dieser unbestimmte Rechtsbegriff muss im Einzelfall bestimmt werden und zwar anhand eines Vergleiches der rechtlichen und tatsächlichen Gegebenheiten zum Zeitpunkt des Erlasses eines Bescheides mit den rechtlichen und tatsächlichen Gegebenheiten zum Zeitpunkt der möglichen Aufhebung dieses Bescheides.

Das Merkmal der Wesentlichkeit erschließt sich dabei dadurch, dass man anhand des oben angesprochenen Vergleiches zu der Feststellung kommen kann, dass die veränderten tatsächlichen oder rechtlichen Verhältnisse bei einer fiktiven neuen Erstentscheidung zumindest teilweise zu einer anderen Rechtsfolge führen müssten.[72]

---

72 SGB X, § 48 Rn 31, Waschull.
Wegen einzelner Fallbeispiele siehe die Kommentarliteratur zu § 48 SGB X.

ACHTUNG!

- Die Aufhebung eines Bescheides unter Anwendung des § 48 SGB X kann nur erfolgen, wenn der Betroffene vorher gemäß § 24 SGB X angehört wurde, d. h. dem Betroffenen vor Erlass des Aufhebungsbescheides Gelegenheit gegeben wurde hierzu Stellung zu nehmen.
- Bei Prüfung eines Bescheides nach § 48 SGB X ist zunächst darauf zu achten, ob es überhaupt um einen Bescheid mit Dauerwirkung geht, der aufgehoben werden soll – wenn nein ist § 48 SGB X nicht anwendbar!
- Weiterhin ist zu fragen, ob die Behörde die Wirkung der Aufhebung (für die Zukunft oder ab Änderung der Verhältnisse) richtig festgestellt hat. Hier kommt es häufig zu Fehlern!

K. Exkurs: Verfassungsbeschwerde

Art. 93 Abs. 1 Nr. 4a GG regelt die Befugnis des BVerfG über Verfassungsbeschwerden, die von jedermann mit der Behauptung erhoben werden können, durch die öffentliche Gewalt in einem seiner Grundrechte verletzt zu sein, zu entscheiden.

Im Zusammenhang mit der Durchsetzung von sozialhilferechtlichen Ansprüchen muss im Einzelfall durchaus auch an das Einlegen einer Verfassungsbeschwerde gedacht werden, wenn ansonsten der Rechtsweg in der Sozialgerichtsbarkeit bzw. im Verwaltungsverfahren abschließend ausgeschöpft ist.

ACHTUNG!

Das BVerfG ist keine Superrevisionsinstanz!

Man kann und darf dementsprechend die Einlegung einer Verfassungsbeschwerde nicht als Regelrechtsbehelf verstehen; entsprechend gehört die Verfassungsbeschwerde nicht zum Rechtsweg und ist kein Rechtsmittel im Sinne der Prozessgesetze, sondern ein außerordentlicher Rechtsbehelf.[73]

a) Grundrechtsbezug der sozialen Leistungsrechte

Andererseits ist der grundrechtliche Bezug sozialer Rechte offensichtlich.[74]

Insbesondere und an vorderster Stelle sei hier das Grundrecht auf Wahrung der Menschenwürde (Art. 1 GG), das Grundrecht auf freie Entfaltung der Persönlichkeit (Art. 2 GG) und der Gleichheitsgrundsatz (Art. 3 GG) zu nennen, welche durch behördliches Handeln beeinträchtigt werden können.

---

73 GG Kommentar; Jarass/ Pieroth (Hg.); 6. Auflage, 2002; Beck Verlag: Art. 93 Rn 45, Pieroth.

74 Siehe hierzu nur § 1 Abs. 1 SGB I, wonach das SGB dazu beitragen soll, ein menschenwürdiges Dasein zu sichern.

Grundrechte sind immer auch Abwehrrechte des Einzelnen gegenüber dem Staat, woraus sich auch im Kontext behördlichen Handelns bei der Gewährung von Sozialleistungen die Notwendigkeit ergeben kann, die Grundrechtspositionen der Berechtigten gegenüber der Behörde im Wege einer Verfassungsbeschwerde zu verteidigen.

Aus der letzten Zeit sind zwei Fälle zu nennen, in denen die Weiterverfolgung von sozialhilferechtlichen Ansprüchen bis vor das BVerfG von Erfolg gekrönt war. Es handelt sich dabei um Fälle, die durchaus als Meilensteine der Geschichte des Sozialrechtes bezeichnet werden können:

1. Im ersten Fall ging es um die Frage des Bewertungsmaßstabes bei der Durchführung eines Eilverfahrens im Zusammenhang mit der **Sicherstellung des menschenwürdigen Existenzminimums**.

   Auf diesen Fall wurde bereits oben unter E. näher eingegangen.

2. Beim zweiten Fall handelt es sich um die Grundsatzentscheidung des BVerfG zur Höhe der Regelsätze (vom 09.02.2010 – 1 BvL 1/09, 3/09, 4/09) in dem das BVerfG zum ersten Mal auch ein aus Art. 1 GG resultierendes **Grundrecht auf Sicherung eines menschenwürdigen Existenzminimums** festgestellt hat.

Diese Beispielsfälle machen deutlich, dass die verfassungsrechtliche Dimension im Zusammenhang mit der Durchsetzung von sozialhilferechtlichen Ansprüchen nie außer Acht gelassen werden darf.

b) Voraussetzungen

Die Einlegung einer Verfassungsbeschwerde ist jedoch an strenge Voraussetzungen gebunden.

- Genannt wurde oben schon das Gebot der **Rechtswegerschöpfung**.
- Hinzu kommt, dass das BVerfG die streitgegenständliche **Rechtsfrage noch nicht behandelt** haben darf.
- Schließlich kann mit einer Verfassungsbeschwerde immer nur die **Beeinträchtigung von eigenen höchstpersönlichen Rechtspositionen** gerügt werden.[75]

Die genannten Voraussetzungen zu erfüllen ist, wie ein Blick in die Statistik zeigt, äußerst schwierig.

Seit dem 07.09.1951 wurden bis 31.09.2007 163.347 Verfassungsbeschwerden eingelegt, davon waren zum Stichtag 2.388 noch nicht erledigt und von den erledigten Beschwerden lediglich 3.983 = 2,5 % erfolgreich.

Von den über 150.000 nicht erfolgreichen Verfassungsbeschwerden entfällt ein sehr großer Anteil auf solche Fälle, welche schon formell nicht den Anforderungen an die Einlegung einer Verfassungsbeschwerde genügt haben.

Wenn daher im Einzelfall nach reiflicher Erwägung Anlass zu bestehen scheint, einen Rechtsanspruch im Wege der Verfassungsbeschwerde weiter zu verfolgen, sollte damit unbedingt eine einschlägig erfahrene Anwaltskanzlei beauftragt werden.

Hier könnten die Dachverbände der freigemeinnützigen Wohlfahrtsverbände in Deutschland einen Betroffenen kompetent beraten und rechtlich beistehen bzw. in der Lage sein,

---

75 Zu den Voraussetzungen einer Verfassungsbeschwerde im Einzelnen siehe Pieroth/Schlink, Dritter Teil im Kapitel §35.

einschlägige Kontakte zu spezialisierten Anwälten zu vermitteln.

Hierzu die Adressen von den Dachverbänden der freigemeinnützigen Wohlfahrtsverbänden an die man sich wenden kann:

- Arbeiterwohlfahrtverband:
  Oppelner Str. 130, 53119 Bonn
- Deutscher Caritasverband:
  Karlstraße 40, 79104 Freiburg im Breisgau
- Deutsche Paritätischer Wohlfahrtsverband:
  Oranienburgerstraße 13-14, 10178 Berlin
- Deutsches Rotes Kreuz:
  Carstennstraße 58, 12205 Berlin
- Diakonisches Werk:
  Stafflenbergstraße 76, 70184 Stuttgart
- Zentralwohlfahrtsstelle der Juden in Deutschland:
  Hebelstraße 6, 60318 Frankfurt am Main

L. Die Vorgaben des RDG als Grundlage der Rechtsberatung für Sozialberater

ACHTUNG!

Unter Rechtsberatung versteht man die schriftliche oder mündliche Unterrichtung des Rechtsuchenden über die Rechtslage in einem Einzelfall und / oder über die zu ergreifenden Maßnahmen bei der Durchsetzung seiner Rechte sowie gegebenenfalls das Entwerfen von Eingaben an Gerichte und Behörden, etwa Anträgen oder Widerspruchsschreiben.

Der Einzelne Rechtsuchende soll vor der Gefahr bewahrt werden, die Erledigung seiner Rechtsangelegenheiten Personen zu überlassen, die nicht über die für die ordnungsgemäße Erledigung erforderliche Sachkunde verfügen.

Wer Rechtsdienstleistungen außerhalb familiärer, nachbarschaftlicher oder ähnlich enger persönlicher Beziehungen ausführt, muss sicherstellen, dass die Rechtsdienstleistung

1. durch eine Person, der die entgeltliche Erbringung dieser Rechtsdienstleistung erlaubt ist oder
2. durch eine Person mit Befähigung zum Richteramt oder unter Anleitung einer solchen Person erfolgt.[76]

Exkurs:
Anforderungen des RDG an die Rechtsberatung

Entsprechend sieht das Rechtsdienstleistungsgesetz auch bestimmte Mindestvoraussetzungen vor, die im sozialen Bereich Tätige bzw. ihre Dienststellen erfüllen müssen, um aus ihrer Tätigkeit heraus auch rechtsberatend wirken zu können.

Mindestvoraussetzungen wären

- Anleitung
- Fortbildung
- Aktenführung / Dokumentation (Fristenkontrolle)

76 §6 RDG.

1. Anleitung

Der Gesetzgeber hat sich gegen eine Pflicht zur ständigen Überwachung der anzuleitenden Person entschieden.

Vielmehr wird man zumindest stichprobenartige Kontrollen der Tätigkeit der angeleiteten Personen durch den qualifizierten Juristen verlangen müssen.

Es ist nicht erforderlich, dass jede beratende Stelle über eine juristisch qualifizierte Person verfügt.

Es ist ausreichend, wenn z. B. juristisch qualifizierte Personen in einer übergeordneten Dachorganisation die Betreuung der örtlichen Beratungsstellen übernehmen oder bei kleineren Einrichtungen die Anleitung durch einen externen Rechtsanwalt erfolgt, der mit der Einrichtung z. B. über eine Kooperationsvereinbarung verbunden ist.

Wesentlich ist, dass jede Person in der Beratung stets Zugriff auf die Expertise der juristisch qualifizierten Person hat.[77]

Rechtsberatend tätig wird ein Sozialberater schon dann, wenn er einen ALG-II Bescheid auf seine Richtigkeit prüft und das Ergebnis seiner Prüfung dem Klienten mitteilt.

Der Gesetzgeber verlangt dabei, dass in der Beratungssituation auftretende Fragen unter juristischer Anleitung zu klären sind.

Eine Anleitung erfordert danach eine an Umfang und Inhalt der zu erbringenden Rechtsdienstleistung ausgerichtete Einweisung und Fortbildung, sowie eine Mitwirkung bei der Erbringung der Rechtsdienstleitung, soweit dies im Einzelfall erforderlich ist.

Eine ordnungsgemäße Einweisung setzt voraus, dass die juristisch qualifizierte Person die anzuleitenden Personen mit den für ihre Tätigkeit wesentlichen Rechtsfragen vertraut

77 RDG, §6 Rn 34, 36, 37, Schmidt.

macht, damit diese die typischen Sachverhalte weitgehend selbständig rechtlich erfassen können.

Welchen Umfang dabei die hierzu notwendige Anleitung bzw. Grundeinweisung haben muss, hängt maßgeblich von den Vorkenntnissen der anzuleitenden Personen und der Art ihrer Tätigkeit ab.

ACHTUNG!

Im Falle einer fehlerhaften Rechtsberatung, die bei dem betroffenen Klienten zu einem wirtschaftlichen Nachteil führt, ist bereits ein Haftungstatbestand eröffnet, ohne dass der rechtsberatend tätige Sozialberater schon als Bevollmächtigter aufgetreten wäre!

2. Fortbildung

Um die Fortbildung zu gewährleisten, muss sichergestellt werden, dass die anzuleitenden Personen über die aktuellen rechtlichen Entwicklungen und die wesentlichen Gesetzesänderungen informiert werden.

Dies kann durch

- Schulungen
- Rundschreiben
- Fachzeitschriften
- oder andere geeignete Informationskanäle
- geschehen.

Inhalt und Umfang der Fortbildungsinformation ist dabei auf den Kenntnisstand der anzuleitenden Personen und die von ihnen zu erbringende unentgeltliche Rechtsdienstleistung abzustimmen.[78]

3. Aktenführung / Dokumentation

Im Zusammenhang mit der Erbringung rechtsberatender Tätigkeiten ist unbedingt zu beachten, dass diese auch in nachvollziehbarer Weise dokumentiert wird.

Das heißt, über jeden einzelnen Beratungsfall ist eine Akte anzulegen, die nach einem bestimmten System auch wieder auffindbar sein muss.

In diesem Zusammenhang sind auch Aufbewahrungsfristen zu berücksichtigen, wobei höchstvorsorglich empfohlen wird, Akten die Rechtsberatungstatbestände betreffen, genauso lange aufzuheben, wie die Akte eines Klienten in einer sozialen Beratungsangelegenheit.

In die Akte müssen insbesondere aufgenommen werden:

- Vermerke über ein Beratungsgespräch;
- Kopien von Bescheiden bezüglich derer eine Beratung stattgefunden hat;
- Sämtlicher, die Angelegenheit betreffender ein und ausgehender Schriftverkehr;
- zu empfehlen ist auch die Anlage eines Fristenblattes in der Akte, dem zu entnehmen ist, dass die verschiedenen gegebenenfalls für einen Vorgang relevanten Fristläufe erkannt, richtig berechnet und abgearbeitet wurden.

---

78 RDG Handkommentar; Krenzler (Hg.); 2010; Nomos: §6 Rn 29–33, Schmidt.

ACHTUNG!

Eine fehlende bzw. lückenhafte Dokumentation wird in der Regel zu Lasten dessen gehen, der dokumentationspflichtig gewesen wäre. Das heißt: haftungsrechtlich kann der fehlende Nachweis, dass man etwas richtig gemacht hat, gerade deshalb zur Haftung führen.

Anhang: Rechtsprechungsübersicht zu den Leistungsansprüchen aus SGB II und XII

Schlagwort	Gericht	Datum	Aktenzeichen
I. Leistungen zur Sicherung des Lebensunterhalts 1. Einkommen, Vermögen, Unterhalt a) SGB II			
	BVerfG		
Hartz IV – Regelsatz und Hartz IV – Gesetz verfassungswidrig		09.02.2010	1 BvL 1/09, 3/09, 4/09
Einkommens- und Vermögensanrechnung des „unechten Stiefvaters“ in der Bedarfsgemeinschaft verstößt nicht gg. GG		29.05.2013	1 BvR 1083/09
	BSG		
Priv. Lebensvers. kein verwertbares Vermögen bei bes. Härte		07.05.2009	B 14 AS 35/08
Mietzahlung vor Antragstellung (Zuflussprinzip)		07.05.2009	B 14 AS 13/08
Nachträgliches Übergangsgeld als Einkommen		07.05.2009	B 14 AS 4/08
Übertragbarkeit des Vermögensfreibetrags der Kinder auf die Eltern		13.05.2009	B 4 AS 58/08
Übertragbarkeit des Vermögensfreibetrags der Kinder auf die Eltern (Parallelentscheidung)		13.05.2009	B 3 AS 79/98
Bedarfsgemeinschaft mit Kindern und Anrechnung von Kindergeld auf das Einkommen		01.07.2009	B 4 AS 9/09
Anteiliges Sozialgeld bei Umgangsrechtsausübung		02.07.2009	B 14 AS 75/08
Steuerrückerstattung und Abfindungszahlung als EK		28.10.2009	B 14 AS 64/08
Kein Leistungsausschluss bei 3-stündiger Erwerbsfähigkeit trotz Verschlossenheit des Arbeitsmarktes		21.12.2009	B 14 AS 42/08
Berücksichtigung von EK nach Antragstellung; Zuflussprinzip gilt		18.02.2010	B 14 AS 86/08
Vorübergehend zur Verfügung gestellte Leistung eines Dritten stellen kein Einkommen i. S. v. §11 S. 1 SGB II dar		17.06.2010	B 14 AS 46/09
Bei Träger der öff. Jugendhilfe abgezeichnete Unterhaltsurkunde ist Unterhaltstitel i. S. v. §11b Abs. 1 S. 1 Nr. 7 SGB II		09.11.2010	B 4 AS 78/10
Bei der Abgrenzung zwischen EK und Vermögen ist der Kalendertag entscheidend		14.02.2013	B 14 AS 51/12
	LSG		
Bedarfsgemeinschaft und Einsatzgemeinschaft über 25-jähriger mit Eltern	NI	26.11.2009	L 8 SO 169/07
Darlehen als Einkommen	NI	10.12.2009	L 13 AS 366/09

Schlagwort	Gericht	Datum	Aktenzeichen
Keine Anrechnung des Kindergelds bei Inanspruchnahme des Zuschusses zu den ungedeckten angemessenen KdU und Heizung nach § 22 Abs. 7 SGB II	NI	06.01.2010	15 AS 1080/09
Leistungsausschluss für Ausländer	BE-BB	27.01.2010	L 29 AS 1820/09
Nachtarbeit stellt EK dar	BE-BB	26.03.2010	L 32 AS 1771/09
Titulierte Unterhaltsansprüche wirken einkommensmindernd bei tatsächlicher Erbringung der Unterhaltspflicht an den Unterhaltsberechtigten	BW	22.04.2010	L 7 AS 5458/09
Überbrückungsgeld ist EK auch nach Ablauf der 4-Wochenfrist des §51 Abs. 1 StVollzG	NI	28.05.2010	L 13 AS 105/09
Alg-II Versagung wegen Verletzung der Mitwirkungspflicht nach §60 SGB I; mit Nachholung wird Bescheid rechtswidrig & Leistungsbewilligung lebt wieder auf	ST	22.10.2010	L 5 AS 374/10
Anrechnung von Elterngeld auf SGB II-Leistungen ist verfassungsgemäß	HE	01.02.2013	L 6 AS 817/12
Elterngeld ist EK i. S. v. SGB II	BY	07.02.2013	L 7 AS 12/13
Auskunftspflicht gem. §60 Abs. 2 S. 1 SGB II zur Zahlung von nachehelichem Unterhalt besteht nur bedingt	SN	28.02.2013	L 7 AS 745/11
Elterngeld ist Einkommen gem. §11 Abs. 1 S. 1 SGB II	RP	12.03.2013	L 6 AS 623/11
Grundfreibetrag muss in dem Monat vom Einkommen abgesetzt werden, in dem dieser zufließt	BY	27.03.2013	L 11 AS 810/11
Anrechnung von Elterngeld als Einkommen verfassungsgemäß	NW	19.04.2013	L 2 AS 99/13
Anrechnung von Kindergeld auf SGB II-Leistungen	NW	30.04.2013	L 6 AS 2234/12
Möglicher Schenkungsrückforderungsanspruch gem. §528 BGB ist kein verwertbares Vermögen i. S. v. §12 SGB II	BY	12.08.2014	L 16 AS 579/ 14 B ER
Leistungsausschluss gem. §7 Abs. 4 SGB II bei Lockerung des Maßregelvollzugs	BE-BB	03.12.2014	L 19 AS 1600/11
Mitwirkungspflicht bedingt lückenloses Offenlegen der wirtschaftlichen Verhältnisse	NI	12.01.2015	L 11 AS 1310/14 ER
Ausnahme von Einkommensanrechnung bei eheähnlicher Lebensgemeinschaft	SH	22.01.2015	L 6 AS 214/14 B ER
SGB II-Leistungen für einen österreichischen erwerbsfähigen Leistungsberechtigten	NW	29.01.2015	L 6 AS 2085/14 B ER, L 6 AS 2086/14 B
Vermutungen seitens der Leistungsträgers reichen nicht aus, um ein Einkommen zu unterstellen	SA	03.02.2015	L 2 AS 1326/14 B ER

Schlagwort	Gericht	Datum	Aktenzeichen
Einkommen aus der Vergangenheit ist nicht anzurechnen, wenn es bei Antragstellung nicht mehr vorhanden ist	NI	09.02.2015	L 11 AS 1352/14 B ER
SGB-II-Leistungen für einen italienischen Antragsteller; Bestehen einer Erwerbsfähigkeit; Voraussetzungen	BY	10.02.2015	L 16 AS 48/15 B ER
Abfindungszahlung bei Verlust des Arbeitsplatzes ist Einkommen	SH	18.03.2015	L 6 AS 38/15 B ER
SGB-II –Leistungen für italienische Staatsangehörige	NW	27.05.2015	L 7 AS 415/15 B ER
Leistungsberechtigung einer polnischen Antragstellerin aus §7 Abs. 1 S. 1 SGB II i.V.m. §2 FreizügG/EU	SH	11.10.2015	L 6 AS 197/15 B ER
Bedarf eines minderjährigen Kindes zunächst aus dessen Vermögen decken	NI	15.10.2015	L 6 AS 1100/15
Kfz-Haftpflichtversicherung auch absetzbar vom einzusetzenden Einkommen	NI	27.11.2015	L11 AS 941/13
	SG		
Keine Aufrechnung von Mieterstattungen, wenn Miete teilweise aus Regelsatz bestritten wurde	Berlin	11.09.2009	S 37 AS 127/09
Keine Übernahme der Mietkaution bei Umzug in unangemessene Wohnung	Bremen	05.11.2009	S 26 AS 1958/09
Angemessenheit der KdU bei Umzug in einen anderen Wohnbereich	Berlin	13.11.2009	S 37 AS 7127/09
Einstandsgemeinschaft nach §7 Abs. 3 Nr. 3 SGB II	Bremen	20.11.2009	S 26 AS 2028/09
Anrechnung von Heizkostenguthaben	Bremen	01.12.2009	S 23 AS 2179/09
Zur Anrechnung von verschiedenen Einkommen bei Gewährung eines Zuschuss nach §22 Abs. 7 SGB II	Bremen	23.02.2010	S 26 AS 498/09
Keine Erstattungsansprüche wegen ungerechtfertigter Bereicherung gegen den Grundsicherungsträger bei 1 €-Job	Bremen	23.02.2010	S 26 AS 1196/09
Versorgungsausgleich ist zweckbestimmte Einnahme	Karlsruhe	25.02.2010	S 16 AS 2693/09
Leistungen nach §20 Abs. 3 SGB II sind nicht anwendbar iVm Asylleistungs-Empfänger in Bedarfsgemeinschaft	Bremen	05.07.2010	S 22 AS 1223/10
Absetzbarkeit der Fahrtkosten vom Einkommen	Neuruppin	18.08.2010	S 26 AS 2002/08
Anmietung einer Betriebsstätte durch Selbstständige sind notwendige Ausgaben i.S.v. §11 Abs. 1 S. 1 SGB II	Lübeck	31.08.2011	S 47 AS 748/11

Schlagwort	Gericht	Datum	Aktenzeichen
Wohnrecht eines Angehörigen gem. §193 BGB steht Verwertung von Immobiliarvermögen nicht entgegen	Aurich	23.06.2011	S 15 AS 91/09
Bei vorübergehender Arbeitslosigkeit spricht §12 Abs. 3 S. 1 Ziff. 4 SGB II gg. Reduzierung der angemessenen Wohnfläche trotz Dezimierung der Mitglieder der Bedarfsgemeinschaft	Aurich	11.01.2012	S 15 AS 63/10
EK aus dem Bufdi ist auf SGB II-Leistungen anzurechnen	Duisburg	01.02.2013	S 41 AS 3912/12
Maßstab für die Abgrenzung von EK und Darlehen	Karlsruhe	21.02.2013	S 4 AS 4957/11
Betriebsausgaben aufgrund eines Beratervertrags können anerkannt werden	Stade	28.02.2013	S 17 AS 814/11
Bei steuerfreier Tätigkeit (§3 Nr. 26 EStG) erhöht sich Grundfreibetrag; Absetzung von Nichterwerbs-EK	Chemnitz	23.05.2013	S 2 AS 4947/12
Gleichzeitige Vollziehung von mehreren Aufrechnungen ist unzulässig	Dortmund	16.05.2014	S 32 AS 484/14 ER
KfZ mit Liebhaberwert als Vermögen gem. §12 SGB II	Duisburg	30.09.2014	S 26 AS 3037/14 ER
Rückstellungen für Umsatzsteuernachzahlungen nicht gem. §11b SGB II vom Einkommen absetzbar	Hamburg	24.11.2014	S 44 AS 3881/14 ER
Darlehen von Bekannten ist kein Einkommen i. S. v. §11 SGB II	Köln	23.03.2015	S 19 AS 2396/13
Ermessensausübung bei Antrag auf Altersrente durch den Leistungsträger	Frankfurt (Oder)	07.04.2015	S 25 AS 2705/14 ER
Aufwandsentschädigung nach §1835a BGB ist kein Einkommen i. S. v. §11 SGB II	Dortmund	30.04.2015	S 30 AS 986/13
Nachzahlung von Krankengeld ist Einnahme i. S. v. §11 Abs. 2 S. 1 SGB II	Hannover	27.07.2015	S 48 AS 2399/15 ER
Unverzügliche Mitteilung der maßgeblichen Gründe für vorläufige Leistungseinstellung	Detmold	31.08.2015	S 9 AS 1080/15 ER
Leistungsausschluss §7 Abs. 4 S. 1 SGB II nur bei Auszahlung von Altersrente, Bewilligung reicht nicht	Berlin	15.01.2016	S 149 SD 119/16 ER
Das vom Antragssteller jeweils bezogene Einkommen ist monatsweise, nicht durchschnittlich, auf seinen (aufstockend) geltend gemachten Hilfebedarf anzurechnen	Berlin	20.01.2016	S 100 AS 9940/15
Erbschaft kein Einkommen, wenn Gesamtrechtsnachfolge vor dem ersten Antrag auf Leistungen nach SGB II eingetreten ist	Karlsruhe	26.01.2016	S 17 AS 4357/14
Trotz Erbschaft sind Leistungen aus §§20ff. SGB II als Zuschuss zu gewähren, wenn Erbschaft nicht zu verwerten ist	Köln	02.02.2016	S11 AS 1756/12

Schlagwort	Gericht	Datum	Aktenzeichen
Auch Beschäftigte eines caritativen Trägers als reguläre Mitarbeiter/innen anzusehen	Rothenburg Stuttgart	20.11.2015	AS 07/15
Bei vorläufig zu gewährenden Leistungen gem. §41a SGB II ist eine sachlich fundierte Prognose über Einnahmen und ausgaben des Antragstellers zu treffen	Magdeburg	07.11.2016	S 5 AS 288/16 ER
Ein Leistungsberechtigter nach dem SGB II kann Anspruch auf Regelbedarfsstufe 1 geltend machen, wenn er mit seiner Ehefrau, die Leistungen gem. §3 AsylbLG erhält, zusammen lebt	Bremen	17.11.2016	S 6 AS 64/14
b) SGB XII			
	BSG		
Keine Anrechnung vom Mehrbedarf nach §30 Abs.1 Nr. 2 SGB XII auf Einkommen		23.03.2010	B 8 SO 15/08
Kein Anspruch aufgrund fehlender tatsächlicher Feststellung bei dauerhafter Erwerbsminderung		23.03.2010	B 8 SO 17/09
Für Teilnahme bei Arbeitstraining gezahlte Motivationszuwendungen werden nicht als EK berücksichtigt		28.02.2013	B 8 SO 12/11
Regelbedarfsstufe 1 für erwachsene Menschen mit Behinderung im Haushalt der Eltern		23.07.2014	B 8 SO 31/12 R
	OVG		
Unterhaltsvorschussleistungen, Bewilligung von Prozesskostenhilfe	Sachsen	19.01.2015	4 K 2125/14
	LSG		
Teilw. Anrechnung des Ausbildungsgeldes in WfbM auf EK	ST	28.08.2009	L 8 SO 10/08
Behindertentestament und sozialhilferechtlich verwertbares Vermögen	NI	29.09.2009	L 8 SO 177/08
Fehlende Voraussetzungen für Eckregelsatz eines alleinigen Haushaltsvorstandes	SH	09.12.2009	L 9 SO 12/08
Keine Geltendmachung der Unterhaltsansprüche, die nicht auf Träger überleitbar sind	SH	29.06.2011	L 9 SO 25/09
Einkommensfreibetrag nach §11b Abs. 3 SGB II als Anreiz zur Ausübung einer Beschäftigung; kann zur Behebung einer kurzfristigen, existenziellen Notlage eingesetzt werden	SH	06.10.2011	L 11 AS 146/11
Personen in einer Haushaltsgemeinschaft sind bez. ihres Einkommens und Vermögens auskunftspflichtig	NW	07.03.2013	L 9 SO 13/13
Kein Anspruch auf HLU bei vorsätzlich oder grob fahrlässig herbeigeführter Bedürftigkeit; Leistungsträger muss schuldhaftes Verhalten nachweisen	BW	15.10.2014	L 2 SO 2489/14

Schlagwort	Gericht	Datum	Aktenzeichen
Sozialhilfe für Ausländer; Ausschlusstatbestand aus §23 Abs.3 S. 1 SGB XII	NW	26.03.2015	L 9 SO 44/15 B ER
Kürzung der nach §53 SGB XII gewährten Eingliederungshilfe durch den Kostenträger aufgrund von Teilzeitarbeit	SH	12.06.2015	L 9 SO 47/12
Anspruch auf Barbetrag und Bekleidungshilfe bei stationärer Wiedereingliederungsmaßnahme	BW	08.07.2015	L 2 SO 4793/13
Nießbrauch an Grundstück steht dessen unmittelbarer Verwertbarkeit entgegen	SA	05.01.2016	L 8 SO 32/15 B ER
Keine Kostenübernahme von heilpädagogischen Maßnahmen aus Mitteln der Eingliederungshilfe	SH	10.02.2016	L 9 SO 59/13
Anspruch auf eine qualifizierte Hilfsperson mit höherem Stundenlohn bei vielschichtigem schwierigem Krankheitsbild	SH	16.16.2016	L 9 SO 124/16 B ER
	SG		
Darlehensweise HLU bei noch nicht zugeflossener Erbschaft	Bremen	15.12.2009	S 24 SO 216/09
Anrechnung von Schmerzensgeld in der Sozialhilfe	Karlsruhe	27.01.2010	S 4 SO 1302/09
Steuerberatungskosten und Sozialhilfe	Karlsruhe	27.01.2010	S 4 SO 5333/08
Fehlende Angewiesenheit auf land- und forstwirtschaftliche Kleinflächen begründet keine Härte i. S. v. §90 Abs. 3 S. 1 SGB XII	Karlsruhe	27.04.2010	S 4 SO 3120/08
Bei trotz Heimunterbringung nicht getrennt lebenden Ehepartnern ist das Vermögen des Ehemanns zu berücksichtigen	Aachen	20.03.2013	S 19 SO 21/13
Verringerung der HLU in der Untersuchungshaft	Schleswig	19.04.2013	S 12 SO 176/11
Ein Bewilligungsbescheid über die Gewährung von Leistungen der Hilfe zur Pflege darf nur eine Nebenbestimmung enthalten, wenn diese inhaltliche Ergänzung des VA durch eine Rechtsvorschrift zugelassen ist oder hierdurch sichergestellt wird, dass die gesetzlichen Voraussetzungen jeweils erfüllt werden	München	02.07.2015	S 51 SO 531/14
Überbrückungsdarlehen gem. §37 Abs. 1 SGB XII muss auch ohne vollendete Prüfung der Bestandskraft des Bescheides vorläufig gewährt werden	Braunschweig	19.09.2016	S 32 SO 136/16 ER

Schlagwort	Gericht	Datum	Aktenzeichen
2. Mehrbedarfe / Sonderbedarfe a) SGB II			
	BSG		
Schülermonatskarte kein unabweisbarer Bedarf		28.10.2009	B 14 AS 44/08
Unabweisbarer, laufender, besonderer Bedarf auch vor BVerfG-Entscheidung		18.02.2010	B 4 AS 29/09
Anspruch auf Übernahme der Kosten einer mehrtägigen Klassenfahrt		23.03.2010	B 14 AS 1/09
Ausstattung von Kinderbekleidung ist nicht von §28 Abs. 1 SGB II iVm §20 SGB II umfasst		23.03.2010	B 14 AS 81/08
Kein Mehrbedarf aufgrund fehlender Voraussetzungen		06.05.2010	B 14 AS 3/09
Zur Erstausstattung der Wohnung gehört kein Fernsehgerät		09.06.2011	B 8 SO 3/10
Jugendbett ist als Erstausstattung durch die Behörde zu übernehmen		23.05.2013	B 4 AS 79/12
	LSG		
Mehrbedarf nach §21 Abs. 4 SGB II wg. Behinderung	BE-BB	01.12.2009	L 19 AS 1351/07
Sonderbedarf Kleidung als Erstausstattung – Gegenwärtigkeit und Leistungen für die Vergangenheit	BE-BB	25.02.2010	L 34 AS 24/09
Schüleraustausch gilt nicht als mehrtägige Klassenfahrt nach §23 Abs. 3 S. 1 Nr. 3 SGB II	BW	22.06.2010	L 13 AS 678/10
§24 Abs. 3 S. 1 SGB II ist bedarfsbezogen zu verstehen; entscheidend, ob Bedarf an Wohnungsausstattung schon gedeckt	BE-BB	17.11.2010	L 5 AS 1220/07
Gewährung eines Mehrbedarfes nach §21 Abs. 4 SGB II ist an tats. durchgeführte Eingliederungsmaßnahme geknüpft	SH	24.11.2010	L 11 AS 36/07
Außerschulische Lernförderung ist Sonderbedarf gem. §28 Abs. 5 SGB II; Gewährung nur bei Geeignetheit und Erforderlichkeit	SH	21.12.2011	L 6 AS 190/11
Lernziel i. S. v. §28 Abs. 5 SGB II ist nicht nur die Versetzung, sondern auch das Erreichen eines ausreichenden Leistungsniveaus	NI	28.02.2012	L 7 AS 43/12
Festbetrag übersteigendes Arzneimittel wird nicht übernommen; nur bei ungewöhnlichen Individualverhältnissen möglich	NW	21.02.2013	L 9 SO 455/11
Darlegungspflicht für ungedeckten Bedarf bei Erstausstattung zur Geburt	ST	12.03.2013	L 5 AS 63/12

Schlagwort	Gericht	Datum	Aktenzeichen
Kein Mehrbedarf wegen kostenaufwändigerer Ernährung bei Laktoseintoleranz durch Einsparmöglichkeiten einer vegetarischen Ernährung	RP	12.03.2013	L 6 AS 291/10
Fahrtkosten zur Ausübung des Umgangsrechts sind Mehrbedarf i.S.v. §21 Abs. 6 SGB II	NW	21.03.2013	L 7 AS 1911/12
Darlegungspflicht für einen bereits zuerkannten Mehrbedarf wegen kostenaufwändiger Ernährung	HE	21.03.2013	L 6 AS 665/10
Keine Erstausstattung bei Ersatzbeschaffungen; Möbel fallen unter Erhaltungs- und Ergänzungsbedarf	ST	16.04.2013	L 5 AS 149/11
Förderung bei Teilleistungsschwächen nach §28 Abs. 5 SGB II möglich	SH	26.03.2014	L 6 AS 31/14 B ER
Inklusion als wesentliche Aufgabe lt. Schulgesetz kann nicht an Eingliederungshilfe verwiesen werden	SH	15.04.2014	L 9 SO 36/14 ER
Ersatzbeschaffungen nach außergewöhnlichen Ereignissen als Erstausstattung	NI	27.05.2014	L 11 AS 369/11
Tatsächliche Umstände des Zusammenlebens sind entscheidend für Mehrbedarf wg. Alleinerziehung	SA	03.02.2015	L 2 AS 1326/14 B ER
Kostenerstattung für die Verlegung des Telefon- und Internetanschlusses nach §22 Abs. 6 S. 1 SGB II aufgrund eines notwendigen Umzugs	NI	06.10.2015	L 6 AS 1349/13
	SG		
Mehrbedarf wegen kostenaufwändiger Ernährung bei MCS	Bremen	03.11.2009	S 23 AS 1985/09
Mehrbedarf wegen kostenaufwändiger Ernährung bei Laktoseunverträglichkeit	Bremen	17.11.2009	S 23 AS 2087/09
Zusammenrechnung von Mehrbedarfen wegen kostenaufwändiger Ernährung	Bremen	30.11.2009	S 23 AS 2044/09
Kein Anspruch auf priv. Nachhilfe aufgrund atypischen Bedarfs; sowie auf KV-Zusatzbeitrag / Keine Beschränkung von Klassenfahrten pro Schuljahr	Bremen	06.05.2010	S 23 AS 409/10
Keine Rechtsgrundlage im SGB II für die Übernahme der Kosten eines Internetanschlusses	Oldenburg	11.06.2010	S 47 AS 721/09
Kein Anspruch auf Haushaltshilfe gemäß §21 Abs. 6 SGB II, dauerhafter bes. Bedarf muss vorliegen	Stuttgart	07.07.2010	S 24 AS 3645/10
Gewährung von Haushaltshilfe bei unselbst. Haushaltsver. kein Rückschluss auf aktuellen Zustand der Wohnung	Stuttgart	13.08.2010	S 25 AS 3649/10
Mehrbedarfszuschlag aufgrund kostenaufwändiger Ernährung (Laktoseintoleranz)	Berlin	12.11.2010	S 37 AS 38129/09

Schlagwort	Gericht	Datum	Aktenzeichen
Kein Anspruch auf Zuschuss nach §31 Abs. 1 Nr. 1 SGB XII bei Ersatzbeschaffung	Bremen	11.01.2011	S 24 SO 323/10
Notwendige Hautpflegeprodukte als Basistherapie & Prävention i. S. v. §21 Abs. 6 S. 1 SGB II ist Mehrbedarf	Bremen	18.02.2011	S 22 AS 2474/10
Heranziehbarkeit des §28 Abs. 5 SGB II bei Legastheniker zur Inanspruchnahme eines priv. Bildungsträgers	Bremen	14.04.2011	S 23 AS 357/11
Anspruch auf Mehrbedarf gemäß §21 Abs. 6 SGB II bedarf Einzelfallprüfung	Kiel	24.08.2011	S 33 AS 323/11
Zumutbarkeit eines Schulweges gemäß §28 Abs. 4 SGB II ist vom Einzelfall abhängig	Kiel	16.12.2011	S 29 AS 512/11
§28 Abs. 7 Ziff. 2 SGB II stellt im Gegensatz zu §28 Abs. 7 Ziff. 1 SGB II nicht auf Begleichung von Mitgliedsbeiträgen ab	Aurich	21.12.2011	S 55 AS 524/11
Zumutbarkeit eines Schulweges gemäß §28 Abs. 4 SGB II ist vom Einzelfall abhängig	Kiel	05.04.2012	S 40 AS 40/12
Kosten für die Reparatur von Brillen zur Korrektur der Sehschärfe sind Sonderbedarf nach §24 SGB II	Osnabrück	05.02.2013	S 33 AS 46/12
Kein Mehrbedarf für kostenaufwändigere Ernährung bei fehlenden medizinischen Gründen	Aachen	23.04.2013	S 11 AS 323/12
Fahrkosten zu zahnmedizinischen Behandlungen für vollstationär untergebrachten, schwerbehinderten Antragsteller	Regensburg	03.04.2014	S 16 SO 4/14 ER
Fahrkosten für Besuch eines inhaftierten Familienangehörigen sind laufender Bedarf i. S. v. §21 Abs. 6 SGB II	Braunschweig	09.04.2014	S 49 AS 2184/12
Finanzierungszusage von Bewerbungskosten	Berlin	20.08.2014	S 173 AS 16566/14 ER
Nachmittagsbetreuung nicht im Paket für Bildung und Teilhabe nach §28 SGB II	Köln	12.12.2014	S 30 AS 4315/12
Leistungen der Mutter-Kind-Stiftung nicht anrechenbar auf die Erstausstattung gem. §24 Abs. 3 S. 1 Nr. 2 SGB II	Magdeburg	17.03.2015	S 21 AS 3987/11
Anspruch auf Kostenübernahme für Erwerb notwendiger Schulbücher nach §21 Abs. 6 S. 1 SGB II	Hildesheim	22.11.2015	S 37 AS 1175/15
Kostenübernahme für eine Fernbrille zur Arbeitsmarkteingliederung (§16 SGB II i. V. m. §44 SGB III)	Frankfurt am Main	22.03.2016	S 19 AS 1417/13
Anspruch auf vollen Mehrbedarf für Alleinerziehende gem. §21 Abs. 3 SGB II, wenn deren nachhaltige Entlastung im Alltag nicht gewährleistet ist	Berlin	14.04.2016	S 130 AS 29169/14

Schlagwort	Gericht	Datum	Akterzeichen
Anerkennung eines Mehrbedarfs nach §28 Abs. 7 Nr. 2 SGB II in Höhe von 30€ statt 10€, um einen faktischen Ausschluss von künstlerischen und musischen Angeboten zu verhindern	Detmold	27.09.2016	S 7 AS 2145/13
Droht eine wesentliche Beschränkung der Bildungsmöglichkeiten in der Schule, kann ein höherer Mehrbedarf als die Pauschale von 100€ pro Schuljahr für benötigte Gegenstände, wie einen Computer, gewährt werden	Cottbus	13.10.2016	S 42 AS 1914/13
	VerwG		
Aufwendungsersatzanspruch gegenüber KiTaTräger, wenn Essensversorgung Drittem übertragen wird	VerwG Potsdam	25.09.2014	VG 10 K 4203/13
b) SGB XII			
	LSG		
Mehrbedarf für Bekleidung und Schuhe wegen Übergrößen muss detailliert nachgewiesen werden	BW	10.12.2014	L 2 SO 4042/14
Hilfe zur Beschaffung eines KfZ gem. §8 EingliederungsVO, wenn notwendig zur Teilhabe am Leben in der Gesellschaft; ÖPNV zumutbar	BW	10.12.2014	L 2 SO 4058/13
Sozialhilfeträger muss Kosten für erforderlichen Hausnotruf gem. §§53ff. SGB XII übernehmen, wenn Antragsteller keine Leistung der Pflegekasse erhält	Wiesbaden	30.04.2014	S 30 SO 172/11
Kein Anspruch auf Hilfe zur Beschaffung eines Kfz gem. §8 EinglVO, wenn dies zur Teilhabe am Arbeitsleben nicht notwendig ist	SH	11.11.2015	L 9 SO 38/13
Kein Anspruch auf Gewährung eines Hilfsmittels nach §33 Abs. 1 S. 1 SGB V, wenn kein pflegebedingt erforderlicher Sachmittelbedarf besteht (§§75ff. SGB XII)	SH	24.02.2016	L 5 KR 18/14
	SG		
Empfehlungen des Deutschen Vereins können als SV-G für Bemessung von Krankenkostenzulagen nach §30 Abs. 5 SGB XII herangezogen werden	Schleswig	14.02.2012	S 11 SO 98/08
Hilfe zur Beschaffung eines KfZ gem. §8 EingliederungsVO ist einzelfallabhängig	Aurich	26.02.1014	S 13 SO 18/13
Anspruch auf Eingliederungsmaßnahme mit Hilfe eines Gebärdendolmetschers gem. §§53 und 54 Abs. 1 S. 1 SGB XII i.V.m. §55 Abs. 2 Nrn. 2 und 4 SGB IX	Dresden	18.12.2015	S 54 SO 344/15 ER

Schlagwort	Gericht	Datum	Aktenzeichen
Kostenübernahme für Gebärdendolmetscher als Hilfe zur angemessenen Schulbildung gem. §54 Abs. 1 S. 1 Nr. 1 SGB XII i.V.m. §12 EinglVO	Detmold	15.03.2016	S 2 SO 259/15
3. Kosten der Unterkunft (KdU) SGB II			
	VGH		
Auch bei Ausreiseverpflichtung stellt Obdachlosigkeit eine Störung der öffentlichen Sicherheit und Ordnung dar, die zu beseitigen ist	BY	07.06.2015	4 CE 15 1275, 4 CE 15 1421
	BSG		
KdU und Heizung bei verwandten Untermietern		07.05.2009	B 14 AS 31/07
KdU und Heizung bei Eigenheim		02.07.2009	B 14 AS 33/08
Angemessenheit der Heizkosten und verbotene Pauschalierung		02.07.2009	B 14 AS 36/08
Anforderungen der Angemessenheitsprüfung Mietspiegel		20.08.2009	B 14 AS 65/08
Anforderungen der Angemessenheitsprüfung		22.09.2009	B 4 AS 18/09
Angemessenheit Eigentumswohnung Wohnfläche		22.09.2009	B 4 AS 70/08
Angemessenheitsgrenze und Anwendung der Wohngeldtabelle		17.12.2009	B 4 AS 50/09
Mietspiegel als schlüssiges Konzept zur Angemessenheitsfeststellung und Zumutbarkeit eines Umzugs		17.12.2009	B 4 AS 27/09
Anmietung der Unterkunft vor Antragstellung und Notwendigkeit einer Kostensenkungs-aufforderung		17.12.2009	B 4 AS 19/09
Orientierung der KdU an der Anzahl der Mitglieder einer Bedarfsgemeinschaft		18.02.2010	B 14 AS 73/08
Zuschuss errechnet sich nach den §§ des SGB II unter Berücksichtigung der Leistungen des SGB III		22.03.2010	B 4 AS 69/09
Heiz- und Betriebskostennachzahlung sind einmalige Leistungen i.S.v. §22 Abs. S. 1 SGB; anhaltend tatsächlicher, aktueller Bedarf trotz Versäumnis der Zahlungsfrist		22.03.2010	B 4 AS 62/09
Familienbedingter unzumutbarer Wohnungswechsel		23.03.2010	B 8 SO 24/08
Keine Übernahme von unangemessen hohen Umzugskosten		06.05.2010	B 14 AS 7/09
Rechtswidrige Kürzung der KdU trotz erfüllten Kostensenkungsobliegenheiten		01.06.2010	B 4 AS 78/09
Übernahme der KdU bei Ortswechsel		01.06.2010	B 4 AS 60/09

Schlagwort	Gericht	Datum	Aktenzeichen
Wohnmobil ist Unterkunft i. S. v. §22 Abs. 1 S. 1 SGB II; Übernahme von Heizkosten und der Kfz-Haftpflichtversicherung		17.06.2010	B 14 AS 79/09
Schuldenübernahme nach §22 Abs. 5 SGB II möglich		17.06.2010	B 14 AS 58/09
Keine umzugsbedingte Begrenzung der KdU bei Nichtvorliegen der Hilfebedürftigkeit nach Eingehen des Mietverhältnisses		30.08.2010	B 4 AS 10/10
Pauschalierung der Heizkosten gem. §22 Abs. 1 S. 1 SGB II grds. Unzulässig		19.10.2010	B 14 AS 15/09
Fehlen eines aktuellen Unterhaltsbedarfes (§22 Abs. 1 S. 1 SGB II) aufgrund Ortsabwesenheit; Leistungsausschluss		19.10.2010	B 14 AS 50/10
50 qm als angemessene Wohnfläche für 1-Person-Haushalt in Berlin; Betriebskosten abstrakt zu bestimmen		19.10.2010	B 14 AS 65/09
I. R. d. §22 Abs. 7 S. 1 ist nur angemessener Unterkunftsbedarf nach §22 Abs. 1 S. 1 zuschussfähig; Berücksichtigung von SGB III-Leistungen und BAB		15.12.2010	B 14 AS 23/09
Kein Anspruch auf Mietkaution als Zuschuss, aber bei Abtretung des Rückgabeanspruchs an den Leistungsträger keine Aufrechnung mit dem Regelbedarf		29.06.2015	B 4 AS 11/14 R
Nutzungsentschädigung kann als Aufwendung für die Unterkunft i. S. d. §22 Abs. 1 S. 1 SGB II anerkannt werden, wenn verfolgter Zweck der Schutz der Wohnung zur Erfüllung des Grundbedürfnisses "Wohnen" ist		19.08.2015	B 14 AS 13/14 R
	LSG		
KdU und Heizkostenpauschale bei eigenem Grundstück	ST	18.06.2009	L 5 AS 179/07
Angemessenheit der KdU bei eigenem Grundstück	ST	18.09.2009	L 5 B 593/08
Rechtsschutzbedürfnis bei Umzug junger Erwachsener unter 25 Jahren wegen Ausbildung	NI	29.10.2009	L 15 AS 327/09
Leistungsausschluss bzgl. Erstausstattung für Azubis	BW	18.12.2009	L 12 AS 1702/09
Angemessenheit KdU und Zumutbarkeit Umzug	BW	19.01.2010	L 13 AS 3303/08
Nebenkostenerstattung als Einkommen	BW	20.01.2010	L 3 AS 3759/09
Zusicherung der Unterkunftsaufwendungen bei erforderlichem Umzug eines unter 25-Jährigen	BE-BB	15.02.2010	L 25 AS 35/10
Berücksichtigungsfähige Aufwendungen entstehen dann nicht, wenn Unterkunft unentgeltlich genutzt	BE-BB	25.02.2010	L 20 AS 1822/09

Schlagwort	Gericht	Datum	Aktenzeichen
Wohnungslosigkeit / Vergleichbare Notlage i. S. v. §22 Abs. 5 S. 1 SGB II droht nicht, wenn neben Energieschuldenbegleichung andere Möglichkeiten zur Verfügung stehen	BE-BB	24.03.2010	L 10 AS 393/10
Wegfall des Zusicherungserforderniss. bei Umzug wg. Unzumutbarkeit	ST	03.06.2010	L 5 AS 155/10
Ermessen des SGB II-Trägers bei Sperre der Energiezufuhr nicht reduziert, soweit Hilfesuchender sich sozialwidrig und unwirtschaftlich verhält	NI	09.06.2010	L 13 AS 147/10
SGB II-Träger muss schlüssiges Konzept zur Bewertung der Angemessenheit nachweisen können	BW	22.06.2010	L 13 AS 4212/08
Recht des SGB II-Träger nach Einhaltung eines schlüssigen Konzepts den ermittelten Mietpreis als abstrakt angemessen anzusehen	BW	05.07.2010	L 1 AS 3815/09
Zur Bestimmung der Angemessenheit der KdU bei Wohnung sog. einfachen Standards ist jeweiliger Spannenoberwert heranzuziehen	BW	05.07.2010	L 1 AS 2852/09
Schuldenübernahme nach §22 Abs. 5 SGB II ist begründet bei unverschuldeten Zahlungsrückständen	BE-BB	22.07.2010	L 5 AS 1049/10
Keine Anwendung des §22 Abs. 5 SGB II bei Löschung aus dem Schuldnerverzeichnis und selbstst. Wohnungsaufgabe	BE-BB	29.07.2010	L 25 AS 1343/10
Keine Anwendung des §22 Abs. 1 S. 2 SGB II aufgrund Verlagerung des Schwerpunkts der Lebensverhält. bei Umzug	BW	16.08.2010	L 2 AS 3640/10
Übernahme von unterkunftsbezogenen Zahlungsrückständen bei Unverschulden	BE-BB	07.09.2010	L 5 AS 925/10
Keine Übernahme von Unterkunftsschulden, wenn Räumungstitel vorliegt	ST	16.09.2010	L 5 AS 288/10
Heranziehung des §22 Abs. 5 SGB II bei gemieteter oder genutzter Liegenschaft als Unterkunft	BE-BB	13.10.2010	L 14 AS 1665/10
Schuldenübernahme nach §22 Abs. 5 SGB II gerechtfertigt bei unverschuldetem Zahlungsrückstand	BE-BB	14.10.2010	L 5 AS 1325/10
4-P.-Haushalt kann auf 3-Zimmerwohnung (bis 65 qm) mit angemessener Bruttowarmmiete verwiesen werden	BE-BB	26.10.2010	L 5 AS 1825/10
Instandhaltung einer Immobilie sind übernahmefähige Unterkunftskosten, wenn notwendig und angemessen	ST	22.10.2010	L 2 AS 425/10
Heiz- und Betriebskosten keine Schulden i. S. v. §22 Abs. 8 S. 1 sondern tatsächliche Aufwendungen i. S. v. Abs. 1 S. 1	BE-BB	11.11.2010	L 26 AS 1060/09

Schlagwort	Gericht	Datum	Aktenzeichen
§22 Abs. 5 S. 1 SGB II findet Anwendung auf jeden Unterkunfts- bzw Wohnungswechsel eines unter 25 jährigen Hilfebedürftigen	BE-BB	26.11.2010	L 5 AS 1880/10
Zusicherung nach §22 Abs. 5 SGB II stellt keinen VA dar (gem. §31 S. 1 SGB X); hier Anspruchsvoraussetzungen für die Übernahme von KdU	BE-BB	22.12.2010	L 18 AS 2041/09
§22 Abs. 1 S. 3 SGB II findet Anwendung wenn Wohnungswechsel wegen schlechtem gesundh. Zustand unzumutbar	ST	26.12.2010	L 5 AS 179/10
Keine Stromschuldenübernahme nach §22 Abs. 5 SGB II, (missbräuchliches Verhalten)	RP	27.12.2010	L 3 AS 557/10
Bewilligung nach §22 Abs. 1 S. 1 SGB II für Wohnungstür gerechtfertigt	ST	03.01.2011	L 5 AS 423/09
Temporäre Bedarfsgemeinschaft wegen Umgangsrecht; Anspruch Minderjähriger auf Sozialgeld	NW	20.01.2011	L 7 AS 119/08
Teilweise Stromkostenübernahme möglich bei Gas-Zentralheizung eines Eigenheims	BW	25.03.2011	L 12 2404/08
Nicht jedes Kind hat Anspruch auf ein eigenes Zimmer in der Fam.-Wohnung – Einzelfall-beurteilung	SN	04.03.2011	L 7 AS 753/10
Mietspiegel bildet Grundlage für schlüssiges Konzept; SGB II-Träger muss konkrete Angemessenheit mit mind. 10 offenen Wohnungsangeboten nachweisen	SH	11.04.2011	L 11 AS 123/09
Erforderlichkeit einer systematischen Ermittlung und Bewertung der i. S. v. §22 Abs. 1 S. 2 SGB II maßgeblichen Tatsachen; ansonsten Heranziehung des Tabellenwertes nach §12 WoGG mit Sicherheitszuschlag von 10 v. H.	NI	10.05.2011	L 15 AS 44/11
Bei §22 Abs. 8 S. 2 SGB II bleibt dem SGB II-Träger kein Spielraum für die Ausübung seines Ermesssens	BE-BB	30.06.2011	L 25 AS 535/11
Keine Erforderlichkeit eines Umzugs nach §22 Abs. 4 S. 2 SGB II, wenn nur Gewinn an Fläche oder Wohnkomfort	BW	11.08.2011	L 12 AS 3144/11
§22 Abs. 8 SGB II umfasst Stromschulden, die nicht missbräuchlich herbeigeführt wurden; bei Fehlverhalten stehen Interessen minderjähriger Kinder zurück	MV	29.09.2011	L 8 B 509/09
Zur Konkretisierung der Wohnfläche i. S. v. §22 Abs. 1 S. 1 SGB II ist auf Anzahl der Perso-nen abzustellen; WoFG unbeachtlich	SH	06.12.2011	L 11 AS 97/11
Übernahme von Mietrückständen bei dauerhafter Erhaltung einer geeigneten und kosten-angemessenen Unterkunft	NI	24.09.2012	L 15 AS 1/12

Schlagwort	Gericht	Datum	Aktenzeichen
Anwendbarkeit des §22 Abs. 1 S. 3 SGB II bei subjektiver Unzumutbarkeit eines Umzugs aus gesundheitl. Gründen	BY	27.09.2012	L 8 AS 646/10
Laufende Mieteinnahmen sind EK i. S. v. §11 I SGB II; daher anspruchsmindernde Berücksichtigung; bestehende Tilgungszahlungen werden nicht berücksichtigt	HH	07.01.2013	L 4 AS 315/12
Bei unangemessenen KdU ist Reduzierung erforderlich: erfolglose Bemühungen sind der Behörde nachzuweisen	HH	21.01.2013	L 4 SO 6 /12, L 4 SO 11/12, L 4 SO 50/12
Rückzahlungen und Gutschriften, sind erst nach dem Monat der Rückzahlung und Gutschrift als EK zu berücksichtigen	NW	13.02.2013	L 2 AS 42/13
Eine Begrenzung der KdU nach §22 Abs. 1 S. 2 SGB II wirkt nach mind. 1 Monat Unterbrechung nicht fort	ST	28.02.2013	L 5 AS 369/09
VW-Bus mit eingerichteter Schlafstelle ist keine Unterkunft	RP	07.03.2013	L 3 AS 69/13
Bei sozialwidrigem Herbeiführen von Mietrückständen ist Hilfegewährung nicht gewährleistet	BW	13.03.2013	L 2 AS 842/13
Mietschuldenübernahme kann als Darlehen oder Zuschuss gewährt werden	SN	14.03.2013	L 3 AS 748/11
Kein Anspruch auf Übernahme der Mietschulden, wenn die Unterkunft nicht mehr bewohnt	BY	18.03.2013	L 7 AS 141/12
Anspruch auf KdU für die Unterbringung in einer stationären Einrichtung nur bei ausgestellter Rechnung	HE	20.03.2013	L 6 AS 239/11
Unwirksamkeit der Wohnaufwendungenverordnung Berlin vom 03. April 2012	BE-BB	25.04.2013	L 36 AS 2095/12
Darlehensgewährung durch die Behörde im Rahmen des einstweiligen Rechtsschutzes für Energieschulden und Kosten des Elektrikers	NW	13.05.2013	L 2 AS 313/13
Keine Übernahme der Mietschulden, wenn Geldmittel für den Kauf von Medikamenten verwendet wurden; Rechtfertigung wegen krankheitsbedingter notstandsähnlicher Konfliktsituation möglich	HE	17.05.2013	L 9 AS 247/13
Keine Zusicherung von Wohnungsbeschaffungskosten bei fehlendem konkreten Bezugspunkt	BY	23.05.2013	L 16 AS 141/13
Bei Fehlen eines schlüssigen Konzepts sind Tabellenwerte nach §12 WoGG zuzgl. 10 % angemessene KdU	RP	25.03.2014	L 3 AS 343/10 ZVW

Schlagwort	Gericht	Datum	Aktenzeichen
Bei schlüssigem Konzept zur Angemessenheit der KdU muss der Leistungsträger nur angemessene Kosten übernehmen	SH	19.05.2014	L 6 AS 146/13
Ermessensausübung bei Umzug in unangemessene Wohnung	SH	09.10.2014	L 6 AS 181/14 B ER
Keine Übernahme von Mietschulden nach §22 Abs. 8 SGB II bei vollstreckbarem Räumungsurteil möglich	Be-BB	15.10.2014	L 20 AS 1961/14 B ER
Übernahme rückständiger Mieten gemäß §22 Abs.8 SGB II ein geeignetes Mittel zur Abwendung von Wohnungslosigkeit	ST	21.10.14	L 5 AS 485/14 B ER
Angemessenheit der KdU gem. §22 Abs. 5 S. 2 SGB II für unter 25jährige; Mietobergrenze von 80 % rechtswidrig	SH	14.11.2014	L 3 AS 92/12
Kosten für Stellplätze und Garagen grds. keine KdU	BW	10.12.2014	L 2 SO 4042/14
Mietschuldenübernahme gem. §22 Abs. 8 S. 1 SGB II, auch wenn die Schulden durch Sanktionierung entstanden sind	NW	22.12.2014	L 12 AS 2259/14 B ER
Folgenabwägung im Eilverfahren, da die Schlüssigkeit des Konzepts nicht abschließend beurteilt werden kann	SH	30.01.2015	L 3 AS 192/14 B ER
Temporäre Bedarfsgemeinschaft , wenn ein Kind regelmäßig länger als einen Tag bei einem Elternteil lebt	SA	03.02.105	L 2 AS 1326/14 B ER
Angemessenheit der KdU abhängig von der Struktur des örtlichen Wohnungsmarkts	SH	14.07.2015	L 6 AS 41/15 B ER
Keine Nachteile für den Antragsteller bei fehlerhafter Kostensenkungsaufforderung	NW	29.07.2015	L 12 AS 2396/13
Bei abgesenkten Leistungen für KdU mindert eine Rückzahlung von Betriebskosten ALG II nicht im vollen Umfang	NI	23.09.2015	L 13 AS 164/14
Übernahme der KdU gem. §22 Abs. 1 S. 1 SGB II auch dann, wenn sich der nichtdeutsche erwerbsfähige Leistungsberechtigte im Zuständigkeitsbereich eines anderen Jobcenters aufhält (Wohnsitzauflage)	NRW	25.02.2016	L 7 AS 1391/14
Schlüssiges Konzept als Grundlage zur Bestimmung der Angemessenheit von KdU	SH	30.05.2016	L 11 AS 39/14 NK
Aufwendungen für KdU sind i.d.R. unabhängig von Alter oder Nutzungsintensität, sondern anteilig pro Kopf aufzuteilen	NI	04.07.2016	L 9 AS 310/16 B ER

Schlagwort	Gericht	Datum	Aktenzeichen
Das Erfordernis eines Umzugs eines Dritten aus der gemeinsamen Wohnung liegt vor bei einer glaubhaft gemachten Entscheidung zur Eheschließung der beiden anderen Mitbewohner	SH	17.08.2016	L 6 AS 113/16 B ER
§22 SGB II ist keine Rechtsgrundlage zur Übernahme von Kosten für beruflich genutzte Räum	NRW	10.10.2016	L 6 AS 439/16 NZB
Mietschulden, die aus Zeiten des Leistungsbezugs resultieren und vom Jobcenter nicht übernommen wurden, stellen keine Mietschulden i. S. d. §22 Abs. 8 S. 2 SGB II dar	NRW	02.11.2016	L 7 AS 1365/13 B ER
Bei der Zusammenstellung eines örtlichen Vergleichsraums (schlüssiges Konzept) für eine Großstadt führt die Berücksichtigung umliegender Kommunen zu einer deutlich zu niedrigen und somit unzutreffenden Mietobergrenze für diese Großstadt	NI BR	19.12.2016	L 11 AS 953/16 B ER
	SG		
Übernahme der KdU und Heizung auch bei nicht genehm. Auszug aus der elterlichen Wohnung	Stuttgart	17.07.2009	S 19 AS 1881/09
KdU für werdende Mutter auch bei Leistungsausschluss	Freiburg	04.09.2009	S 2 AS 4147/09
Indizien für unwirtschaftliches Heizverhalten	HB	27.10.2009	S 26 AS 1858/09
Übernahme der KdU für Untermietverhält. bei Fehlen gemeins. Wirtschaftens; Ausnahme Schwerbehinderung	Potsdam	07.01.2010	S 20 SO 164/09
KdU: Hilfsweiser Rückgriff auf Wohngeldtabelle bei Fehlen anderer Daten zur Angemessenheitsbestimmung	Oldenburg	21.01.2010	S 43 AS 1479/07
Vorläufige Übernahme von Mietschulden	HB	25.02.2010	S 23 AS 319/10
Übernahme der KdU für U25 erfordert keine vorherige Genehmigung, wenn sie vor Antragstellung nicht Mitglied einer Bedarfsgemeinschaft waren	Aurich	02.02.2010	S 45 AS 8/10
Nebenkostennachforderung	HB	09.02.2010	S 23 AS 127/10
Keine Mietkautionsdarlehen bei Umzug ohne vorherige Zusicherung	Stuttgart	16.02.2010	S 22 AS 7271/09
Darlehen für Renovierung und Grundreinigung einer Wohnung, Zuschuss zur Beschaffung neuen Mobiliars	HB	02.03.2010	S 23 AS 257/10
Klärung höherer monatlicher Abschlagszahlungen bei zu beheizendem, angemessenen Wohnraum	Regensburg	09.03.2010	S 8 AS 101/10
Unzumutbarkeit eines Wohnungswechsels bzw. einer Untervermietung, aufgrund psychischer Dekompensation des Haushaltsvorstands	HB	23.03.2010	S 9 AS 5037/09

Schlagwort	Gericht	Datum	Aktenzeichen
Verstoß gegen Grundsatz der Wohnortgebundenheit durch falsch ermittelte Referenzmieten	Karlsruhe	29.03.2010	S 16 AS 1798/09
Übernahme der Umzugskosten zur (Mit-) Erziehung und Betreuung eines minderjährigen Kindes unter Berücksichtigung einer erhöhten Mietobergrenze	HB	31.05.2010	S 23 AS 987/10
Übernahme der Umzugskosten zur Unterstützung der Erziehung und Betreuung eines minderjährigen Kindes	HB	31.05.2010	S 23 AS 987/10
Wegfall der gesetzlich geregelten 6-Monatsfrist bei Umzug ohne vorherige Einholung der Zusicherung	Kassel	23.06.2010	S 6 AS 144/10
Keine Absetzung der Warmwasserpauschale gemäß §20 Abs. 2 SGB II und §22 Abs. 1 S. 1 SGB II	HB	14.07.2010	S AS 2230/09
Mietkautionsübernahme möglich trotz geringfügiger Überschreitung der Angemessenheit der KdU	Duisburg	22.07.2010	S 3 AS 2022/10
Keine Gewährleistung von Dachsanierungskosten wegen fehlender existenzieller Notlage	Neuruppin	29.07.2010	S 26 AS 1032/10
Keine Übernahme der KdU aufgrund fehlender Mitwirkung bei familiärem Mietverhältnis	Neuruppin	18.08.2010	S 26 AS 704/08
Umzug erforderlich bei gesundheitl. Gefahren; vorherige Zustimmung bleibt unberührt	Dortmund	04.10.2010	S 31 AS 317/08
§20 Abs. 3 SGB II geht von Zweierbedarfsgemeinschaft aus; bezweckt eine best. Verteilung innerhalb der Gemeinschaft, nicht Abänderung der Höhe	Aachen	15.12.2010	S 5 AS 780/10
Umzug nach §22 Abs. 2 S. 2 SGB II erforderlich, wenn von temporärer Bedarfsgemeinschaft auszugehen ist; Wahrnehmung des Umgangsrechts	Dortmund	28.12.2010	S 22 AS 5857/10
Rückzahlungen, von Betriebskosten aus dem Regelbedarf sind vom §22 Abs. 3 SGB II nicht erfasst	Kiel	02.12.2010	S 38 AS 588/10
Bei Übernahme von Energiekostenrückständen (§22 Abs. 8 S. 1 SGB II) sind alle Umstände des Einzelfalls zu berücksichtigen; besonders wenn Kinder betroffen sind	HB	05.04.2011	S 23 AS 497/11
Begriff der Schulden gemäß §22 Abs. 8 SGB II umfasst sämtliche Forderungen des Energieversorgers	Freiburg	08.07.2011	S 14 AS 3031/11
Bei Bestimmung der Angemessenheit gem. §22 Abs. 1 S. 1 SGB II einer Einzelperson, die in WG lebt, ist auf Maßstab für eine Person abzustellen	Kiel	08.11.2011	S 37 AS 147/09

Schlagwort	Gericht	Datum	Aktenzeichen
Mit einem vom SGB II-Träger veranlassten Umzug anfallende Kosten für Postnachsendeauftrag sind zu erstatten	Mannheim	12.12.2011	S 10 AS 4474/10
Bei Angemessenheitsprüfung nach §22 Abs. 1 S. 1 SGB II sind zu Nettokaltmiete angemessene Betriebskosten hinzuzurechnen	Kiel	28.12.2011	S 34 AS 334/10
Aus dem TB „Rückzahlung“ des §22 Abs. 2 SGB II folgt, dass tatsächlich Mittel zugeflossen sein müssen	Neu-BB	19.01.2011	S 11 AS 386/08
§22 Abs. 1 S. 1 SGB II umfasst mietvertraglich geschuldete Zuschläge für Möblierung; Erfordernis einer systematischen Ermittlung und Bewertung für sämtliche Anwendungsfälle	Itzehohe	26.01.2011	S 10 AS 521/07
Fehlen einer Untervermietungserlaubnis berührt nicht Wirksamkeit eines geschlossenen Untermietvertrags	Schwerin	06.10.2011	S 1 AS 137/11
Ohne schlüssiges Konzept zur Ermittlung der angemessenen KdU muss Obergrenze der Angemessenheit auf Grundlage der Tabellenwerte des WoGG mit Zuschlag i.H.v. 10 v. H. bestimmt werden	Konstanz	24.01.2012	S 3 SO 2812/09
Zu KdU können auch Zinsen bzw. Tilgungsanteile eines Darlehens zur Finanzierung einer Eigentumswohnung zählen	Kiel	21.02.2012	S 40 AS 490/10
Doppelmieten aufgrund eines Umzugs sind Wohnungsbeschaffungskosten (§22 Abs. 6 S. 1 SGB II); Reduzierung des Ermessens bei behindertengerechten Wohnungen	Dortmund	24.04.2012	S 29 AS 17/09
Deutlich über den im geografischen Vergleichsraum üblichen KdU liegende Kosten sind unangemessen.	Mainz	08.06.2012	S 17 AS 1452/09
Ausnahme bei der Gewährung eines Mietkautionsdarlehens bei besonderen Umständen des Einzelfalls	BE	08.06.2012	S 169 AS 12851/12
Mietvertraglich begründete Kabelnutzungsgebühren sind Betriebskosten i. S. v. §22 Abs. 1 S. 1 SGB II	Itzehohe	25.06.2012	S 16 AS 279/10
Für Betriebskosten zur Berechnung der Mietobergrenze gilt Verfahren der Betriebskostenverordnung	Kiel	18.09.2012	S 34 AS 484/12
Erforderlichkeit eines Umzuges bei gesundheitlichen Beeinträchtigungen, wenn plausibler nachvollziehbarer Grund vorliegt	Gießen	10.01.2013	S 25 AS 832/12

Schlagwort	Gericht	Datum	Aktenzeichen
ALG i. S. v. §22 Abs. 1 S. 1 SGB II ist unbestimmt; verfassungskonforme Auslegung notwendig	Leipzig	15.02.2013	S 20 AS 2707/12
Keine Übernahme der KdU während Sicherungsverwahrung	Duisburg	18.02.2013	S 16 SO 204/11
Zusicherung nach §22 Abs.6 S. 1 SGB II beim Umzug in eine neue Wohnung nach Haftentlassung ist überflüssig	Konstanz	18.02.2013	S 3 AS 363/13 ER
Bei atypischen Fällen kann Mietkautionsdarlehen durch Zuschuss mit Rückerstattungsverpflichtung und Abtretungserklärung ersetzt werden	BE	22.02.2013	S 37 AS 25006/12
Übernahme der Nachzahlung der Betriebskosten nach Umzug trotz Kostensenkungsaufforderung	Potsdam	28.02.2013	S 40 AS 1041/10
Kein Zuschuss zur Begleichung einer Mietkaution; nur in atypischen Fällen möglich	BE	20.03.2013	S 142 AS 21275/12
Bei fehlendem schlüssigen Konzept des Grundsicherungsträgers zur Angemessenheit der KdU kein Sicherheitszuschlag zu den Werten des §12 WoGG	Kassel	10.04.2013	S 7 AS 793/10
Rückzahlungen aus KdU sind nicht als EK anzurechnen, wenn sie während des Leistungsbezuges aus Regelleistung aufgewendet wurden	Chemnitz	11.04.2013	S 14 AS 4157/12
„Schlüssiges Konzept" des BSG ist nicht mit dem Grundsatz auf ein menschenwürdiges Existenzminimum vereinbar	Mainz	19.04.2013	S 17 AS 518/12
Anspruch auf KdU, wenn Leistungsberechtigte eine gekündigte Wohnung weiter nutzen	Regensburg	23.12.2013	S 16 AS 695/13 ER
Größere angemessene Wohnfläche bei temporärer BG	Kiel	09.04.2014	S 38 AS 88/14 ER
Kosten für Haushaltsenergie dürfen nicht direkt an Vermieter gezahlt werden	München	22.04.2014	S 46 AS 884/14 ER
Auszug aus Einfamilienhaus bei Scheidung erforderlich i. S. v. §22 Abs. 4 S. 2 SGB II	Leipzig	28.05.2014	S 3 AS 1885/14 ER
Rechtshängige Räumungsklage ist Anordnungsgrund auf Übernahme von KdU	Dortmund	30.05.2014	S 38 AS 1975/14 ER
Liegt kein schlüssiges Konzept vor, sind grds. die tatsächlichen Unterkunftskosten zu übernehmen	Berlin	17.06.2014	S 173 AS 12742/13
Anspruch auf KdU auch nach Räumungsklage, solange die Wohnung weiter genutzt wird	Karlsruhe	13.10.2014	S 1 SO 3291/14 ER
Bei vermieterseitiger Kündigung und Unmöglichkeit von Ersatzwohnraumbeschaffung droht Wohnungslosigkeit i. S. v. §22 Abs. 8 SGB II	Wiesbaden	05.11.2014	S 5 AS 834/14 ER
Tilgungsraten für Eigentumswohnung als KdU	Kiel	03.02.2015	S 34 AS 4/15 ER

Schlagwort	Gericht	Datum	Aktenzeichen
Die Übernahme unangemessen hoher Mietkosten über 6 Monate hinaus (§22 Abs.1 S3 SGB II) ist ein begründungspflichtiger Ausnahmefall	Leipzig	19.02.2015	S 19 AS 4859/14 ER
Stromschulden können nur übernommen werden, wenn Antragsteller versucht, die Notlage anderweitig zu beseitigen	Bremen	29.04.2015	S 37 AS 619/15 ER
§22Abs.1 S. 3 SGB II; Tatbestandsmerkmale der Unmöglichkeit und der Unzumutbarkeit eines Wohnungswechsels	Duisburg	12.05.2015	S 17 AS 1188/13
Aus dem Regelbedarf finanzierte Rückzahlungen und Guthaben erfahren keine bedarfs-mindernde Berücksichtigung als Einkommen	Berlin	19.10.2015	S 27 AS 2022/14
Bildung der Angemessenheitsgrenze durch Durchschnittswert der Mietpreisspanne	Bremen	27.10.2015	S 28 AS 1545/12
Kostenübernahme von Nachforderungen für Betriebs- und Heizkosten gem. §22 Abs. 1 S. 1 SGB II, sofern angemessen	Berlin	15.02.2016	S 27 AS 3369/14
Angemessenheit für Heizkosten (kommunaler Heizspiegel)	Bayreuth	18.02.2016	S 17 AS 808/14
Angemessenheitsprüfung der KdU gem. §22 Abs. 1 S. 1 SGB II als Einzelfallprüfung; §22 SGB II umfasst außerdem auch einmalige Kosten (Betriebskostennachforderung)	Berlin	22.02.2016	S 126 AS 8477/14
Keine grobe Fahrlässigkeit des Leistungsbeziehers bei fehlerhaftem Verhalten der Behörde, aufgrund zweier fast parallel erlassenen, sich widersprechenden VA's über die Übernahme von KdU	Magdeburg	10.03.2016	S 14 AS 2455/13
Gewährung von Mehrbedarf bei dezentraler Warmwassererzeugung gem. §21 Abs. 7 S. 7 SGB II	Düsseldorf	27.04.2016	S 35 AS 159/15
Übernahme von Miet- und Energieschulden nur bei unaufschiebbarem eiligem Regelungs-bedürfnis	Dortmund	03.06.2016	S 19 AS 2517/16 ER
Übernahme von Nachzahlungsforderungen gem. §22 Abs. 1 S. 1 SGB II, auch wenn diese in einem Zeitraum liegen, in der noch keine Hilfebedürftigkeit vorlag	Magdeburg	10.06.2016	S 15 AS 3053/13
Bestimmung der Angemessenheit unterkunftsbezogener Kosten i. S. d. §21 Abs. 1 S. 1 SGB II durch überprüfbares "schlüssiges Konzept"	Magdeburg	10.06.2016	S 15 AS 2184/14
Erhöhter Wohnraumbedarf bei temporärer Bedarfsgemeinschaft	Kiel	09.08.2016	S 33 AS 193/16 ER
Keine sachgerechte Vergleichsraumbildung (schlüssiges Konzept) ohne Nachweis eines in sich homogenen Lebens- und Wohnbereichs	Bayreuth	16.08.2016	S 13 AS 941/15

Schlagwort	Gericht	Datum	Aktenzeichen
Gem. §22c Abs. 2 SGB II müssen schlüssige Konzepte mindestens in einem zweijährigen Interwall geprüft werden, um dauerhaft geltend zu sein	Bremen	29.09.2016	S 41 As 1834/16
Soweit einem ALG-II Bezieher der selbstständige Umzug unzumutbar ist, können Umzugskoten anerkannt werden, sofern sie grundsicherungsrechtlich angemessen sind	Schleswig	21.10.2016	S 1 AS 185/16 ER
Übernahme der Aufwendungen für eine Mietkaution nur dann, wenn Antragssteller beim Abschluss des Mietvertrags im SGB II-Bezug stand	Bremen	08.11.2016	S 23 AS 2104/16 ER
Kinder zählen nicht zur Bedarfsgemeinschaft, wenn sie älter als 25 Jahre sind und ihren existenznotwendigen Bedarf selbst vollständig decken können	Kiel	30.11.2016	S 29 AS 289/16 ER
Erfüllt ein schlüssiges Konzept nicht die Vorgaben des BSG, so sind die tatsächlichen KdU, bis zur der in §12 WoGG geregelten Grenze plus 10 % Sicherheitszuschlag, zu gewähren	Stuttgart	22.12.2016	S 19 AS 4214/15
	OVG		
Maßstab für Feststellung der Hilfebedürftigkeit gem. §9 Abs. 2 SGB II wird bei Wohngeldbewilligung für Bedarfsgemeinschaft nicht getrennt lebender Ehegatten herangezogen	NW	08.05.2013	14 A 44/12
b) SGB XII			
	LSG		
Bei Mietverträgen unter nahen Angehörigen sind an Nachweis der Ernsthaftigkeit hohe Anforderungen zu stellen	SH	29.06.2011	L 9 SO 16/10
Keine Übernahme der KdU im Rahmen von Eingliederungshilfe, wenn Besuch einer wohnortnahen Bildungseinrichtung zumutbar	HH	21.01.2013	L 4 SO 44/11
Bei möbliertem Wohnraum können KdU für ´Brutto-Kaltmiete´ um Energiepauschale gekürzt werden	BW	04.12.2014	L 7 SO 2472/14
Zinsen sind KdU bei Erwerb oder Instandhaltung eines Hausgrundstücks	SA	05.01.2016	L 8 SO 32/15 B ER
	SG		
Kosten für notwendigen Umzug werden übernommen ohne vorherige Zustimmung des Sozialamtes, soweit diese nicht unangemessen hoch sind	Kiel	23.02.2012	S 24 SO 4/ 12
Mietzahlungen eines schwerstbehinderten, volljährigen Kindes an die Eltern sind KdU	Düsseldorf	28.08.2014	S 30 SO 431/12
Tilgungsraten als KdU, wenn Finanzierung weitgehend abgeschlossen ist	Schleswig	14.10.2014	S 2 AS 135/14 ER

Schlagwort	Gericht	Datum	Aktenzeichen
Erstbezug einer Wohnung bei Wohnungswechsel, wenn Antragsteller in familiärer Wohnung nur geduldet wurde	Marburg	14.10.2015	S 8 AS 159/14
Heizkostennachforderungen aufgrund von Schätzungen durch den Energieversorger sind tatsächlicher Bedarf gem. §22 Abs. 1 S. 1 SGB II	Kiel	15.12.2014	S 39 AS 1609/13
Mietspiegel kann Konzept zugrunde gelegt werden; Daten müssen alle zwei Jahre fortgeschrieben werden	Oldenburg	14.01.2015	S 42 AS 479/12
Tilgungsraten als KdU, wenn Finanzierung weitgehend abgeschlossen ist	Kiel	03.02.2015	S 34 AS 4/15 ER
Örtlicher Vergleichsraum für schlüssiges Konzept: homogener Bereich eines Stadtgebiets	Leipzig	02.03.2015	S 5 SO 5/15 ER
Bei durch abgesenkte Leistungen entstandenen Mietschulden auch rückwirkende Leistungen, wenn Angemessenheitsgrenze umstritten ist	Magdeburg	08.04.2015	S 14 AS 766/15 ER
Öffentliche Bekanntmachung eines schlüssigen Konzepts zur Angemessenheit der KdU	Bayreuth	26.05.2015	S 4 AS 102/15
Produkt aus Wohnungsgröße und Wohnungsstandard zuzgl. kalte Betriebskosten entscheidend für Angemessenheit; keine Auswertung von Zeitungsannoncen als schlüssiges Konzept	Detmold	10.12.2015	S 28 AS 1979/12
Auch bei verfügter Mieterhöhung muss Kostensenkungsverfahren gem. §35 Abs. 2 S. 1 und 2 SGB XII eingeleitet werden; bis zur Klärung der Rechtmäßigkeit der Mieterhöhung werden die KdU in tatsächlicher Höhe übernommen	Hildesheim	12.02.2016	S 42 AY 23/14
Produkttheorie: Produkt aus Wohnfläche und Standard, das sich in Wohnungsmiete niederschlägt, muss angemessen sein (i. S. d. §35 Abs. 2 S. 2 SGB XII)	Dortmund	19.02.2016	S 62 SO 444/14
Anspruch auf überbrückende Leistungen, wenn der Hilfebedürftige einen unaufschiebbaren gegenwärtigen Bedarf, den er ansonsten nicht rechtzeitig decken kann, hat.	Braunschweig	09.11.2016	S 32 SO 129/16 ER
II. SANKTIONEN			
	BSG		
VA und Rechtsfolgenbelehrung bei Sanktionen		17.12.2009	B 4 AS 30/09
Sanktion für nichtangetretene Trainingsmaßnahme und Verhältnis zu Sperrzeit nach SGB III		17.12.2009	B 4 AS 20/09
Arbeitgeberseitig ausgesprochene Kündigung zieht keine Sanktion gemäß §31 Abs. 4 Nr. 3 SGB II nach sich		22.03.2010	B 4 AS 68/09

Schlagwort	Gericht	Datum	Aktenzeichen
§31 Abs. 3 S. 3 SGB II geht von einer einheitlichen Minderung wegen Meldeversäumnissen aus, nicht aber von mehrfachen Absenkungen des Alg II		09.11.2010	B 4 AS 27/10
„Vergessen" eines Arbeitsangebotes bedeutet keine Bereitschaft, konkrete Arbeit anzutreten (§31 Abs. 1 S. 1 Nr. 2 SGB II)		15.12.2010	B 14 AS 92/09
	LSG		
Bestimmtheit des Sanktionsbescheides zur Absenkung des Alg II	ST	18.06.2009	L 5 AS 79/09
Absenkung des Alg II wegen Meldeversäumnis	RP	23.07.2009	L 5 AS 131/08
Sanktionsbescheid aufgrund §31 Abs. 3 S. 2 SGB II ist nicht rechtswidrig, weil Regelungen über ergänzende Sachleistungen fehlen	BE-BB	06.12.2010	L29 AS1852/10
Sanktion nach §31 Abs. 1 S. 1 / Abs. 5 SGB II nur gerechtfertigt, wenn Rechtsfolgenbelehrung und konkrete Konsequenzen erläutert wurden	ST	05.01.2011	L 2 AS 428/10
Ablehnung der Übernahme der Fahrtkosten im Voraus, sondern nachträgliche Erstattung, stellt keine wichtigen Grund i. S. v. §31 Abs. 1 S. 2 SGB II dar	BY	12.08.2011	L 16 AS 630/11
Keine Sanktionierung bei Verlust der Bewerbung durch die Post oder in der Sachbearbeitung des potentiellen Arbeitgebers	BY	21.05.2012	L 16 AS 297/12
Übernahme der Mietschulden bei vollständigem Entfallen des Alg II gemäß §31a Abs. 1 S. 3 SGB II	BY	28.08.2012	L 7 AS 527/12
Bei fehlendem Aktenvermerk über die Aufgabe zur Post ist Zugangsfiktion nicht anwendbar	NI	04.02.2013	L 15 AS 378/12
Kenntnis der eintretenden Rechtsfolgen reicht für eine Sanktionsentscheidung	ST	04.04.2013	L 5 AS 279/13
Keine rückwirkende Anordnung der sofortigen Vollziehung bei fehlender Mitwirkung	BW	02.06.2014	L 12 AS 5220/13 ER
Kein Abbruch der Verhandlungen bezüglich EGV bei Nichterscheinen zu einem Termin	RP	16.12.2015	L 6 AS 503/13
Keine Schuldenübernahme (Miete, Energie) gem. §22 Abs. 8 SGB II bei gezielter Herbeiführung von Rückständen	NI	19.04.2016	L 7 AS 170/16 B ER
	SG		
Keine Sanktion bei Unzumutbarkeit einer Arbeitsgelegenheit	Berlin	11.09.2009	S 37 AS 14128/09
Weigerung eines Vertragsschlusses mit Maßnahmeträger kein Sanktionstatbestand	Ulm	16.11.2009	S 11 AS 3464/09
Belehrung über Sanktion für Verstoß gegen EV	Dortmund	05.01.2010	S 22 AS 369/09

Schlagwort	Gericht	Datum	Aktenzeichen
Zur Notwendigkeit einer klaren (mündlichen) Rechtsfolgenbelehrung bei EGV	Aurich	05.03.2010	S 35 AS 966/09
Keine Sanktionierung wenn SGB II-Träger auf falschen Rechtsfolgen einer Pflichtverletzung hinweist	Landshut	25.03.2010	S 5 AS 86/10
Sanktionen rechtswidrig, wenn Rechtsfolgenbelehrungen inhaltlich unbestimmt	Landshut	15.05.2010	S 7 AS 357/10
Ermessensspielraum des SGB II-Trägers verdichtet sich wenn Regelleistung und KdU auf Null gekürzt werden	Bremen	01.06.2010	S 22 AS 965/10
Umstrittene Sanktionen aufgrund eines Eingliederungsverwaltungsaktes; Notwendigkeit einer vorherigen Prüfung des Einzelfalls	Berlin	09.06.2010	S 37 AS 17431/10
„Erzieherische Wirkung“ bei Kürzung entfällt, wenn Anhörung vor erstem Sanktionsbescheides war; rechtswidrige Sanktionierung bei schwangerer Mutter eines Kleinkindes	Stuttgart	01.10.2010	S 22 AS 5776/10
„Erzieherische Wirkung“ entfällt bei Kürzung der Regelleistung	Stuttgart	01.10.2010	S 22 AS 5777/10
Verstoß gegen Meldepflicht gem. §59 SGB II begründet Sanktionierung nur nach §31 Abs. 2 SGB II	Bremen	01.10.2010	S 18 AS 1928/10
Hinreichend bestimmt bezeichnete Arbeit ist Grundvoraussetzung einer Sanktionierung; Beweislosigkeit des Zugangs zu Lasten des SGB II-Trägers	Stuttgart	29.10.2010	S 18 AS 6415/10
Sinn des §31 Abs. 2 SGB II ist es zeitnah zu bescheiden, um Leistungsempfänger Fehl-ver-halten vor Augen zu führen	Stuttgart	12.01.2011	S 2 AS 7838/10
Es bedarf stets konkreter, individueller Begründung, weshalb Reduzierung von Leistungen gem. §31 Abs. 1 S. 1 SGB II erhebliche Notlage begründet	Konstanz	24.01.2011	S 9 AS 3158/10
Pflichtverletzung i.S.v. §31 Abs. 1 S. 1 Nr. 2 liegt auch dann vor, wenn Hilfebedürftiger ein Vorstellungsgespräch nicht wahrnimmt	Stuttgart	06.06.2011	S 24 AS 2153/11
Vermittlung in rechtswidrige Arbeitsverhältnisse darf weder vorgenommen, noch mittels Sanktionen erzwungen werden	Berlin	19.09.2011	S 55 AS 24521/11
Einarmigen Personen mit Verletzung der verbliebenen rechten Hand steht regelmäßig ein wichtiger Grund iSv §31 Abs. 1 S. 2 SGB II zur Seite	Karlsruhe	24.05.2012	S 4 AS 2005/11
Stichtage für die Nachweiserbringung von Bewerbungsunterlagen in einem EingliederungsVA unzulässig; keine Sanktionierung möglich	Lübeck	24.05.2012	S 19 AS 342/12
Ein Fußweg von 60 bis 69 min. ist kein wichtiger Grund zur Absage eines Arbeitsangebotes	Karlsruhe	04.06.2012	S 4 AS 1956/12

Schlagwort	Gericht	Datum	Aktenzeichen
„Wichtiger Grund“ i.S.v. §31 Abs. 1 S. 2 SGB II muss bei Kenntnis des wahren Hinderungsgrundes des Antragsstellers durch den Träger von Amts wegen ermittelt werden	Leipzig	19.06.2012	S 25 AS 1471/12
Fehlender Postrücklauf ist kein Nachweis für den Zugang eines durch einen Brief versandten Vermittlungsvorschlages	Karlsruhe	27.03.2013	S 12 AS 184/13
Zurücklegen eines nächtlichen Fußweges zur Arbeitsstätte durch ein Industriegebiet rechtfertigt nicht die Ablehnung einer zumutbaren Arbeit	Mainz	11.04.2013	S 10 AS 1221/11
Keine analoge Anwendung des §39 Nr. 1 SGB II (sofortige Vollziehbarkeit) bei Einstellung von ALG II wegen fehlender Mitwirkung	Regensburg	06.12.2013	S 3 AS 650/13 ER
Unverhältnismäßigkeit der Meldeaufforderungen bei einer psychisch behinderten Leistungsbezieherin; keine Sanktionierung nach §32 SGB II	Dresden	16.05.2014	S 12 AS 3729/13
Nicht aufschiebbare Ausübung des Beschäftigungsverhältnis ist wichtiger Grund i.S.v. §32 Abs. 1 S. SGB II	Berlin	28.05.2014	S 124 AS 10047/14 ER
Hausverbot im Jobcenter als Beistand gem. §13 Abs.4 SGB X ist ermessensfehlerhaft	Chemnitz	18.07.2014	S 20 AS 1442/14 ER
Grundsatz der Verhältnismäßigkeit bei Hausverbot	Chemnitz	06.08.2014	S 20 AS 1135/12
Hausverbot bei verbaler Entgleisung rechtmäßig	Heilbronn	19.11.2014	S 10 AS 3793/14 ER
Versagung von Leistungen wg. mangelnder Mitwirkung ist keine Sanktion, sondern Rechtsfolge; Behörde muss Nachweise im Wege der Amtshilfe beschaffen	Düsseldorf	09.01.2015	S 35 AS 4619/14 ER
Abweichung vom „Kopfteilprinzip“ bei den Sanktionen	Schleswig	06.05.2015	S 9 AS 69/15 ER
Zulässigkeit der Sanktionen; kein Verstoß gegen das menschenwürdiges Existenzminimum	Köln	04.09.2015	S 35 AS 2632/15 ER
Subjektive Vorstellung über fehlende Sinnhaftigkeit einer Meldepflicht (§59 SGB II) schützt nicht vor Sanktionen	Konstanz	25.11.2015	S 5 AS 208/15
Keine Sperrzeit bei Wechsel in befristete Stelle, wenn Vertragsbedingungen deutlich besser sind	Speyer	17.02.2016	S 1 AL 63/15
Keine Sanktionen, wenn ALG II Bezieher, trotz Aufforderung des Jobcenters keine vorrangigen Leistungen beantragt, §5 Abs. 3 S. 1 SGB II	Berlin	22.02.2016	S 1 83 AS 1663/16 ER
Gesonderter und unmissverständlicher Hinweis des Jobcenters notwendig wegen sanktionsbewehrter Teilnahmeverpflichtung	Berlin	15.06.2016	S 24 AS 5811/16

Schlagwort	Gericht	Datum	Aktenzeichen
Erforderlichkeit einer fehlerfreien Rechtsbehelfsbelehrung bei bevorstehender Sanktion nach §31 Abs. 1 S. 1 SGB II	Hildesheim	14.07.2016	S 37 AS 1854/13
	VG		
Aufenthaltsverbot für Innenstadtbereich nur bei konkreten Anhaltspunkten für drohende Straftaten	Stuttgart	19.05.2014	1 K 4357/12
III. VERFAHREN			
	BSG		
Anwendbarkeit des §44 SGB X auf Leistungen nach dem BSHG		29.09.2009	B 8 SO 16/08
Verspätete Abgabe des Antragsformulars wegen Formfreiheit unerheblich		28.10.2009	B 14 AS 56/08
Fortzahlung ALG II abhängig von Antragstellung (§37 SGB II); vor Ende des Bewilligungszeitraumes aufmerksam machen - Beratungspflichten aus den §§14, 15 SGB		18.01.2011	B 4 AS 29/10
Zuweisung einer Arbeitsgelegenheit nach §16d SGB II erfolgt durch Verwaltungsakt i.S.v. §31 S. 1 SGB X		13.04.2011	B 14 AS 101/10
Gegen Versagung von Sozialleistungen wegen fehlender Mitwirkung kann grds. mit Anfechtungsklage geklagt werden; zu Mitwirkungspflichten nach §60 Abs. 1 SGB I gehört auch Auskunftserteilung über die Einkommensverhältnisse des Partners		25.02.2013	B 14 AS 133/12
Ein unmittelbarer Rückzahlungsanspruch aus §44 Abs.4 S. 1 SGB X		13.02.2014	B 4 AS 19/13 R
	LSG		
Begründung der Anordnung der sofortigen Vollziehung	BE-BB	13.07.2009	L 23 SO 89/09
PKH für HLU während Sicherungsverwahrung	BE-BB	03.09.2009	L15 SO 41/09
Keine PKH für Vorgehen gegen Vorschläge der Behörde	BE-BB	20.10.2009	L 34 AS 1301/09
Fortsetzungsfeststellungsklage scheitert an einem Feststellungsinteresse im Bezug auf eine Zusicherung nach §22 Abs. 2 SGB II	BE-BB	11.05.2010	L 5 AS 1576/09
Unumgänglichkeit eines Maklers begründet Wohnungsbeschaffungskosten (§22 Abs. 3 S. 1 SGB II); Beratungs- und Auskunftsverletzung zur vorherigen Zusicherung begründet SH	BE-BB	22.07.2010	L 5 AS 673/10
Unabdingbare Voraussetzung der Bezeichnung eines Arbeits- oder Ausbildungsortes zur Gewährung einer Kraftfahrzeughilfe	BE-BB	01.09.2010	L 25 AS 1046/10

Schlagwort	Gericht	Datum	Aktenzeichen
Gewöhnlicher Aufenthalt (§30 Abs. 3 S. 2 SGB I) nur dort, wo sich die Person rechtmäßig aufhält; Übergangsregelungen z. B. für Rumänen schränken Arbeitsrecht ein	BE-BB	29.11.2010	L 34 AS 1001/10
Gewöhnlicher Aufenthalt wird nicht durch einen Aufenthalt von wenigen Tagen begründet	ST	21.12.2010	L 8 SO 8/08
§7 Abs. 1 S. 2 SGB II europarechtskonform?; fraglich, ob Diskriminierung aufgrund der Staatsangehörigkeit	BE-BB	30.12.2010	L 34 AS 1501/10
Angeforderte Kontoauszüge sind „Beweisurkunden" nach §60 Abs. 1 S. 1 Nr. 3 SGB I Vorlegen der Auszüge bis zu 3 Jahren möglich	ST	19.01.2011	L 5 AS 452/10
Anpassung EGV nach §15 Abs. 1 S. 1 SGB II nur bei wesentl. Änderung der Verhältnisse i.S.v. §59 Abs. 1 S. 1 SGB X	BW	02.09.2011	L 7 AS 2367/11
Rechtswidrigkeit eines EingliederungsVA nach §33 Abs. 1 SGB X bei nicht näher konkretisierten Angaben zu Bewerbungskostenerstattungen	RP	31.01.2012	L 3 AS 8/12
Schriftform Erfordernis genügt E-mail mit pdf-Datei im Anhang nicht	BY	24.02.2012	L 8 SO 9/12
Maßstab für die Bestimmtheit eines Rücknahme- oder Aufhebungsbescheides gemäß §33 I SGB X	SH	21.03.2012	L 6 AS 107/11
Antragsbefugnis über die Gültigkeit von Satzungen gemäß §55a Abs. 1 / Abs. 2 S. 1 SGG bei Verletzung subjektiv- öffentlicher Rechte und mgl. Rechtsverletzung von §22a SGB II / §35a SGB XII	BE-BB	07.08.2012	L 36 AS 1162/12
Widerspruch und Anfechtungsklage gegen einen Entziehungs- oder Versagungsbescheid nach §66 SGB I entfalten aufschiebende Wirkung gemäß §86a I SGG	SN	15.01.2013	L 3 AS 1010/12
Einstweilige Anordnung gem. §86b Abs. 2 S. 2 SGG auch bei bereits bestandskräfigen Ablehnungsbescheiden möglich	NW	17.01.2013	L 7 AS 1224/12
Maßstab für Glaubhaftmachung bei einstweiliger Anordnung	BE-BB	29.01.2013	L 23 SO 319/12
Keine grundsätzliche Bedeutung i.S.v. §144 Abs. 2 SGG bei Sanktion auf SGB II-Leistungen durch EingliederungsVA	BY	07.02.2013	L 7 AS 813/12
Keine abschließende Beurteilung des Anordnungsgrundes und Anordnungsanspruchs bei offener Klagefrist	BY	08.02.2013	L 11 AS 21/13
Keine weitere Klärung nötig bei höchstrichterlich entschiedener Rechtsfrage	NI	14.02.2013	L 11 AS 1171/12

Schlagwort	Gericht	Datum	Aktenzeichen
Unzureichende Darstellung der Einkommensverhältnisse führt zur Ablehnung vorläufiger SGB II-Leistungen	NW	28.02.2013	L 2 AS 2430/12, L 2 AS 2431/12
Aufforderung des Grundsicherungsträgers zur Kostensenkung für die Angemessenheit der KdU ist kein VA	NW	04.03.2013	L 12 AS 152/13
Abgeschalteter Telefonanschluss, keine Rechtfertigung zur Wiedereinsetzung in den vorigen Stand	BW	14.03.2013	L 1 AS 243/13
Folgenabwägung des BVerfG im Eilverfahren ist auch bei der Anordnung der aufschiebenden Wirkung umzusetzen	BY	15.03.2013	L 7 AS 131/13
Aussetzung der Vollstreckung einer Eilentscheidung nur nach Interessen- und Folgenabwägung	NW	15.03.2013	L 2 SF 40/13
Anordnungsgrund betreffend die KdU besteht bereits vor Entstehung eines zivilrechtlichen Kündigungsgrundes	BY	19.03.2013	L 16 AS 61/13
Maßstab für die Bestimmtheit von Aufhebungs- und Erstattungsbescheiden von SGB II-Leistungen	NW	22.03.2013	L 19 AS 2278/12
Erstmalige Konkretisierung des Überprüfungsantrages im Klageverfahren gilt als neuer Überprüfungsantrag; fehlendes Vorverfahren führt zu Unzulässigkeit der Klage	BE-BB	26.03.2013	L 19 AS 727/11 L 19 AS 1900/12
Anforderungen und Grenzen des §44 SGB X	BE-BB	26.03.2013	L 19 AS 2951/12
Nach §37 SGB II unter einer Bedingung gestellter Antrag ist unwirksam	HE	27.03.2013	L 6 AS 400/12
Anforderungen an Vorliegen eines neuen Leistungsantrages bei bereits aufgehobenen Bewilligungsbescheiden	BY	27.03.2013	L 11 AS 400/11
Verjährungsregelung des §45 Abs. 1 SGB I wird nicht angewandt, wenn Sozialleistung durch einen VA zu Unrecht abgelehnt oder zu niedrig festgesetzt worden ist; keine Antragsfrist für Überprüfungsantrag	SN	28.03.2013	L 3 AS 228/12
Maßstab für die Glaubhaftmachung des Anordnungsgrundes zur Bewilligung von SGB II-Leistungen	NW	05.04.2013	L 19 AS 529/13
Möglichkeit eines statthaften Antrages auf Anordnung der aufschiebenden Wirkung von Widerspruch oder Anfechtungsklage	HH	10.04.2013	L 4 AS 93/13

Schlagwort	Gericht	Datum	Aktenzeichen
Für eine durch VA auferlegte EGV besteht ein Rechtsschutzbedürfnis nur nach Begründung	NW	12.04.2013	L 12 AS 374/13
Bei Möglichkeit der Inanspruchnahme von SGB II-Leistungen liegt kein Anordnungsgrund für Alg vor	SN	18.04.2013	L 3 AL 21/13
Bindungswirkung besteht, wenn durch den Überprüfungsantrag keine Rechtswidrigkeit festgestellt wurde	BE-BB	19.04.2013	L 26 AS 520/12
Aussetzung der Vollstreckung einer einstweiligen Anordnung über SGB II-Leistungen nur nach Folgenabwägung	NW	19.04.2013	L 6 SF 62/13
Anordnungsgrund besteht bei strittiger Leistung, die die Höhe des Regelbedarfs über 5 % übersteigt	ST	22.04.2013	L 5 AS 341/13
Maßstab für Glaubhaftmachung in Verfahren des einstweiligen Rechtsschutzes betreffend vorläufiger Umzugskosten, „erweiterter“ Erstausstattung, Einzugsrenovierung und Mietkaution	ST	23.04.2013	L 5 AS 371/12
Zusicherung vor Umzug nur wegen zwingender Gründe im Verfahren des einstweiligen Rechtsschutzes	ST	26.04.2013	L 5 AS 427/13
SGB II-Leistungen für Bedarfsgemeinschaft sind Einzelansprüche; können nur gegenüber dem jeweiligen Anspruchsinhaber aufgehoben oder zurückgefordert werden	NW	30.04.2013	L 6 AS 1170/12
Keine Entscheidung im Verfahren des einstweiligen Rechtsschutzes wegen Bestandskraft der Bescheide	ST	07.05.2013	L 5 AS 490/13
Kein Rechtsschutzinteresse bei aufgehobenem VA	NW	08.05.2013	L 19 AS 745/13
Ausschöpfung aller Ermittlungsmöglichkeiten vor Versagung oder Entziehung gem. § 66 Abs. 1 S. 1 SGB I	SN	23.05.2013	L 7 AS 804/12
Maßstab zur Gewährung von SGB II-Leistungen im Rahmen des einstweiligen Rechtsschutzes durch Folgenabwägung	NW	13.06.2013	L 6 AS 531/13
Rechtswidrigkeit der Aufhebung nach § 45 SGB X aufgrund der fehlenden Ermessenserwägungen	SN	14.02.2014	L 8 SO 150/13 B ER
Erforderlichkeit einer zeitnahen Rechtsfolgenbelehrung bei der Verhinderung der Anbahnung eines vom Jobcenter vorgeschlagenen Arbeitsverhältnisses	BY	23.04.2014	L 11 AS 410/13

Schlagwort	Gericht	Datum	Aktenzeichen
Ermessensausübung bei Aufforderung zur Stellung eines Antrags bei anderem Sozialleistungsträger (Rentenantrag)	MV	14.05.2014	L 8 AS 288/13 B ER
EingliederungsVA erst, wenn keine EGV zustande kommt	BY	27.05.2014	L 16 AS 352/14 B ER
Entscheidungen der Schiedsstelle verletzen den Grundsatz des rechtlichen Gehörs und Untersuchungsgrundsatzes (§80 Abs.1 SGB XII)	SH	30.07.2014	L 9 SO 11/12.KL
Keine endgültige Entscheidung über Leistungsanspruch im einstweiligen Rechtsschutzverfahren	BE-BB	14.11.2014	L14 AS 2799/14 B ER
Rechtswidrige Anordnung der sofortigen Vollziehung eines Auskunftsersuchens nach §117 SGB XII	NB	27.11.2014	L8 SO 414/14 B ER
Gerichte und Verwaltung müssen bei wiederholtem Überprüfungsantrag prüfen, ob das Recht richtig angewandt wurde	S-A	21.01.2015	L 5 aS 1059/13 B
Ermessensausübung durch den Leistungsträger bei Beantragung einer Altersrente	BE-BB	01.07.2015	L 9 AS 1583/14 B ER
Medizinische Sachaufklärung durch den Rentenversicherungsträger bei Leistungen zur medizinischen Rehabilitation statt Rente	SH	14.01.2016	L 5 R 236/15 B ER
Zuständigkeit der Sozialgerichte über ein vom Jobcenter ausgesprochenes Hausverbot	NRW	01.06.2016	L 19 AS 277/16 B
Die Verpflichtung zur Inanspruchnahme einer vorzeitigen Altersrente ins unbillig, wenn die Person einer versicherungspflichtigen Beschäftigung nachgeht und dadurch einen Anspruch auf ALG-I verlieren würde	BE-BB	06.10.2016	L 14 AS 2033/16 B ER
Sofern im Eilverfahren der wahre Marktwert des Autos des Antragstellers nicht feststeht, gilt dieses als angemessen; ein Anordnungsgrund liegt nicht vor, wenn die Miete gestundet wird	NRW	02.11.2016	L 7 AS 1364/16 B
Rechtsuchende sind im sozialgerichtlichen Verfahren allein deshalb schon verpflichtet ihre Anschrift mitzuteilen, um die örtliche Zuständigkeit des Gerichts festzustellen		SH	12.12.2016
	SG		
Maßstab des Bestimmtheitsgebotes bei Erstattung zu Unrecht erbrachter Sozialleistungen	Dortmund	22.07.2009	S 28 AS 228/08
Weiterbewilligungsantrag nach Ablauf des Bewilligungszeitraumes notwendig, wegen Prüfung der aktuellen Hilfebedürftigkeit	Bremen	07.01.2010	S 18 AS 664/09
Vorlagepflicht eines Ausweisdokumentes	Bremen	25.02.2010	S 18 AS 286/10

Schlagwort	Gericht	Datum	Aktenzeichen
Aufhebungs- und Rückforderungsentscheidungen haben immer im jew. indiv. Leistungsverhältnis zu erfolgen	Dortmund	13.07.2010	S 28 AS 349/10
Zwingend notwendige Bescheidung bei gesonderter Antragstellung, trotz unters. Anspruchsgebiete	Stuttgart	28.09.2010	S 20 SO 4141/10
§§20 und 28 SGB II sind geltendes Recht bis zu einer Neuregelung des Gesetzgebers	Oldenburg	10.01.2011	S 45 AS 1/11
§20 SGB II auch nach 31.12.2010 weiterhin anwendbar; kein Anspruch auf höhere Leistungen	Bremen	17.01.2011	S 22 AS 17/11
Keine Zurücknahme von VA & Leistungen, wenn behördlicherseits getätigte Angaben ungenügend	Karlsruhe	01.02.2011	S 4 SO 3797/09
SGB II-Sachbearbeiter können EGV festlegen oder VA nach §15 Abs. 1 S. 6 verfügen; Ausnahme: atypische Fälle	Dortmund	08.02.2011	S 28 AS 5489/10
Keine aufschiebende Wirkung i. S. v. §39 SGB II bei Widerspruch gegen Aufrechnungsbescheid nach §42a Abs. 2 SGB II	Berlin	30.09.2011	S 37 AS 24431/11
Zweifel an Rechtmäßigkeit von EingliederungsVA gem. §15 Abs. 1 S. 6 SGB II bei nicht erfolgter Anhörung nach §24 Abs. 1 SGB X	Potsdam	24.10.2011	S 41 AS 2814/11
Pflicht des SGB II-Trägers, den Sozialhilfeträger einzuschalten bei Feststellung von fehlender Erwerbsfähigkeit gem. §44a Abs. 1 SGB II	Bremen	25.11.2011	S 22 AS 1833/11
Festhalten an Frist einer EGV gem. §15 Abs. 1 S. 3 SGB II ist sachwidrig, wenn diese auf als unzutreffend erkannten Prognosen beruht	Gotha	16.01.2012	S 35 AS 7726/11
Maßstab für die inhaltlich hinreichende Bestimmtheit eines EingliederungsVA gem. §33 I SGB X	Aachen	06.02.2012	S 2 AS 25/12
Widerspruch gg. Aufrechung gem. §42a Abs. 2 SGB II hat aufschiebende Wirkung	Stuttgart	08.02.2012	S 14 AS 595/12
Keine aufschiebende Wirkung bei Widerspruch gg. vereinbarungsersetzenden VA gem. §15 Abs. 1 Satz 6 SGB II; inhaltliche Anpassung nur eingeschränkt möglich	Potsdam	27.06.2012	S 8 AS 1539/12
Für Nichteinbeziehung der Kinder bei Grundsicherungsleistungen und Mietrückständen ohne Kündigung besteht kein Anordnungsgrund; bei Sicherstellung des Lebensunterhalts ohne Einkünfte besteht kein Anordnungsanspruch	Duisburg	11.02.2013	S 33 AS 94/13

Schlagwort	Gericht	Datum	Aktenzeichen
Kein Rückzahlungsanspruch des Erstattungsbetrages nach Rücknahme rechtswidriger nicht begünstigender Aufhebungs- und Erstattungsbescheide	Cottbus	15.02.2013	S 31 AS 727/12
Gesetzlicher Betreuer mit Aufgabenkreis 'Vertretung gegenüber Ämtern und Behörden´ hat gleiche Stellung wie ein Bevollmächtigter gem. §13 SGB X	Chemnitz	01.04.2014	S 3 AS 415/14
Anhörung des Betroffenen vor Erlass eines EingliederungsVA; Abänderung des VA nur bei wesentlichen Änderungen der Verhältnisse	München	19.05.2014	S 54 AS 1155/14 ER
Amtsermittlungspflicht trotz Darlegungslast gem. §31 Abs. 1 S. 2 SGB II	Leipzig	22.05.2014	S 3 AS 1885/14 ER
Nahtloser Übergang der Leistungsgewährung bei Ortswechsel	Berlin	11.09.2014	S 147 AS 20920/14 ER
Vereinbarung mit rechtswidrigem Inhalt muss nicht gegengezeichnet werden; keine verhaltensbedingten Sanktionen	Berlin	01.10.2014	S 147 AS 21183/14 ER
Bei fehlenden Ermessenserwägungen ist eine Eingliederungsvereinbarung für weniger als sechs Monaten rechtswidrig	München	21.10.2014	S 13 AS 2490/14 ER
Ermessensausübung bei Aufforderung zur Stellung eines Antrags bei anderem Sozialleistungsträger	Berlin	05.01.2015	S 138 AS 10299/14
Eingliederungsvereinbarung ist in Ermessensausübung bei Aufforderung zur Stellung eines Rentenantrags einzubeziehen	Berlin	12.01.2015	S 96 AS 25532/14 ER
Die Anwendung des §66 Abs.1 S. 1 SGB I steht im vom Jobcenter pflichtgemäß auszuübenden Ermessen (§39 Abs.1 S. 1 SGB I); Eine Vermengung von Tatbestandsvorausgen mit Rechtfolgen ist hier unzulässig	Dresden	29.04.2015	S 12 AS 194/15
Mutmaßungen über Einkommen berechtigen nicht, eine Sachentscheidung vorzuenthalten	Dresden	29.04.2015	S 12 AS 1184/15
Überprüfung aller Leistungsschäden rückwirkend	Dresden	29.04.2015	S 12 AS 192/15
Nichtannahme bei einer Eingliederungsvereinbarung	Berlin	20.05.2015	S 206 AS 7996/15 ER
EGV und zumutbare Eigenbemühungen als Bedingung für Gewährung von Sozialleistungen	Berlin	06.08.2015	S 156 AS 17196/13
Erfordernis eines ärztlichen Befundes über die Mobilität statt Arbeitsunfähigkeitsbescheinigung bei Wegbleiben eines Meldetermins	Berlin	07.08.2015	S 149 AS 24707/14
Bearbeitungszeitraum von mehr als drei Wochen	Berlin	20.08.2015	S 99 AS 7893/15 ER
Zeitungsannoncen bieten keine genauen Daten zur Bestimmung der Angemessenheit von Unterkunftskosten	Detmold	10.12.2015	S 28 AS 1979/12

Schlagwort	Gericht	Datum	Aktenzeichen
Androhung eines Zwangsgeldes in Höhe von 500 €	Magdeburg	29.12.2015	S 16 SO 176/15 ER
Zwangsvollstreckung gegen Behörde bei Nichtbeachtung einer rechtskräftigen Entscheidung im einstweiligen Rechtsschutz	Schleswig	30.12.2015	S 16 AS 288/15 ER
Zur Auslösung der Zugangsfiktion §37 Abs. 2 S. 1 SGB X muss die Behörde nachweisen, wenn der Bescheid einem lizenzierten Postdienstleistungsunternehmen übergeben wurde	Speyer	18.02.2016	S 21 AS 1463/15
Keine Fristverlängerung bei einer Untätigkeitsklage durch eine Anforderung neuer Unterlagen seitens des Jobcenters	Magdeburg	02.03.2016	S 7 AS 1574/14
Bestimmtheitserfordernis von Verwaltungsakten gem. §33 Abs. 1 SGB X	Detmold	26.04.2016	S 23 AS 587/16 ER
Die erklärte Nicht-Berücksichtigung einer Mieterhöhung für die Berechnung des ALG-II Anspruchs stellt auch ohne Rechtsbehelf einen Verwaltungsakt dar	Köln	28.09.2016	S 33 AS 1715/16
Ein Zuweisungsbescheid in eine Arbeitsgelegenheit ist allein deshalb schon rechtswidrig, wenn dort keine Ermessensabwägung angestellt wurde	Nordhausen	30.09.2016	S 27 AS 1698/16 ER
Das Begehren einer rückwirkenden Bewilligung von Leistungen ist von der Behörde als Überprüfungsantrag nach §44 SGB X auszulegen; die sechsmonatige Frist der Untätigkeitsklage ist auch dann eingehalten, wenn die Frist während des Klageverfahrens abläuft	Hannover	04.10.2016	S 38 AS 324/16
Die Geltungsdauer einer als VA erlassenen EGV darf nur mehr als 6 Monate betragen, wenn dies vorher in der EGV begründet wurde	Lüneburg	19.10.2016	S 22 SO 98/14
Anordnung der aufschiebenden Wirkung des Widerspruchs gegen einen VA nach §45 SGB X, da nicht nachgewiesen werden kann, dass der Bescheid von Anfang an rechtswidrig war	Bremen	18.11.2016	S 44 SO 308/16 ER
Die Sperrfrist nach §88 SGG darf ohne jedes Kostentragungsrisiko des SGB-Trägers nur bei besonderem Arbeitsaufwand überschritten werden, sofern diese Gründe bekannt sind oder mitgeteilt wurden	Köln	10.02.2017	S 33 AS 4635/16
	OVG		
Befragung des Umfelds eines Sozialhilfeleistungsempfängers durch einen „Außenrevisor" nicht zulässig; keine Gesetzesgrundlage	Thüringen	25.11.2010	3 KO 527/08
Prozesszinsen gem. §§291 und 288 BGB im Rahmen der Geltendmachung von Erstattungsansprüchen der Sozialhilfeträger untereinander	Thüringen	20.01.2015	3 KO 524/13

Schlagwort	Gericht	Datum	Aktenzeichen
Obdachlosenunterkunft stellt keinen Ersatz für eine Heimeinweisung bei speziellem Betreuungs- und Sicherungsbedarf dar	Bayern	08.06.2015	4 C 15 1578
Zur Abwehr einer Obdachlosigkeit ist die Kommune zuständig, in der sich die obdachlose Person aktuell und auch weiterhin aufhalten will	Sachsen	26.01.2016	3 B 358/15
	VG		
Unterbringung bei Obdachlosigkeit nach Klinikaufenthalt	München	09.07.2009	M 22 E 09 3053
Zuständigkeit für Leistungserbringung gem. §43 Abs. 1 SGB I bei Maßnahmen der Hilfe für junge Menschen nach Gefängnisaufenthalt	München	15.11.2011	M 18 E 11 5033
Bestimmung der örtliche Zuständigkeit für die Gewährung von Leistungen nach dem KJHG/SGB VIII richtet sich nach dem gewöhnlichen Aufenthalt der Kindsmutter	Köln	13.02.2014	26 K 601/13
Räumungsklage durch öffentlichen Eigentümer ist zivilrechtliche Streitigkeit	Berlin	22.05.2015	VG 1 L 83 15
Die Personalausweisbehörde muss bei Hilfsbedürftigen im Sinne des §9 SGB II Ermessen über eine Gebührenermäßigung-Befreiung ausüben	Berlin	21.04.2016	VG 23 K 329 15
IV. RECHTSFRAGEN DER BESTATTUNG			
	BSG		
Übernahme von Bestattungskosten		29.09.2009	B 8 SO 23/08
	LSG		
Kein Anspruch auf Übernahme der Bestattungskosten aus Sozialhilfemitteln für Nachlasspfleger unbekannter Erben	BE-BB	20.03.2013	L 23 SO 97/11
Übernahme der Bestattungskosten bei Bezug von Leistungen zur Grundsicherung für Arbeitsuchende	SH	12.06.2015	L 9 SO 46/12
	SG		
Übernahme der Bestattungskosten bei mittellosen Erben	Speyer	24.06.2008	S 3 SO 15/07
Vermögenseinsatz Bestattungsvorsorge	Karlsruhe	29.10.2009	S 1 SO 4061/08
	VG		
Gebühren für Bestattung eines Elternteils muss Auftraggeber unabhängig von wirtschaftlicher Lage und Ausschlagung des Erbes zahlen	Düsseldorf	04.02.2013	23 K 3189/11

Schlagwort	Gericht	Datum	Aktenzeichen
V. SONSTIGES 1. SGB II			
	BSG		
Erstausstattung der Wohnung		20.08.2009	B 14 AS 45/08
Anspruch auf EGV		22.09.2009	B 4 AS 13/09
Tatsächliche Durchführung einer Eingliederungsmaßnahme i. S. v. §21 Abs. 4 S. 1 SGB II ist Voraussetzung		22.03.2010	B 4 AS 59/09
Kein Anspruch auf Schuldnerberatung aufgrund vorliegender Erwerbsfähigkeit		13.07.2010	B 8 SO 14/09
Abgrenzung zwischen Aus- und Weiterbildung entscheidet über eine Leistungsbewilligung nach §§77 ff. SGB III		30.08.2010	B 4 AS 97/09
Grundsatz der Exportierbarkeit von Sozialleistungen gilt nur solange, bis europ. Gesetzgeber Ausnahmevorschriften erlässt		18.01.2011	B 4 AS 14/10
Neubemessene Regelbedarfe ab dem 01.01.2011 sind verfassungsgemäß		28.03.2013	B 4 AS 12/12
	LSG		
Trägerstreitigkeit bei Hilfen nach §67 ff. SGB XII bei gleichzeitigem Alg II – Anspruch	NI	27.08.2009	L 8 SO 149/07
Alg II und KdU bei überörtlichem Umzug aus dem Bereich des örtlichen Wohnungsmarktes	BE-BB	10.11.2009	L 29 AS 1196/09
Zuschuss zur PKV	NI	03.12.2009	L 15 AS 1048/09
Leistungsausschluss Vollzugseinrichtung	BE-BB	25.02.2010	L 34 AS 883/09
Leistungsgewährung nach §§19 ff. SGB II trotz Teilnahme an berufsvorbereitenden Bildungsmaßnahmen (§§97 ff. SGB III iVm §§33 ff. und 44 ff. SGB IX)	BE-BB	10.03.2010	L 20 AS 2047/09
Beendigung des Nutzungsverhältnisses an Wohnungsbaugesellschaft begründet grds. Darlehensgewährung, nicht aber Zuschuss	BE-BB	11.05.2010	L 5 AS 25/09
Leistungsausschluss bei JVA-Aufenthalt bei fehlender Fiktion der Erwerbsunfähigkeit	NI	17.06.2010	L 15 AS 96/10
Keine Finanzierung von Aufwendungen für Geschäftsräume / Arbeitszimmer i. S. v. §22 Abs. 1 S. 1 SGB II; Förderung nach §16f Abs. 1 S. 1 SGB II als Ermessensleistung möglich	BE-BB	30.06.2010	L 14 AS 933/10
Zinslose Darlehensgewährung (§23 Abs. 4 SGB II) mgl. bei Bezug von SGB II und SGB VI-Leistungen	BE-BB	11.08.2010	L 5 AS 1010/10

Schlagwort	Gericht	Datum	Aktenzeichen
Keine Verletzung des Sozialgeheimnisses durch SGB II-Träger bei Mietauskünften gg. über Dritten	BW	13.10.2010	L 3 AS 1173/10
Bis zur Feststellung der Erwerbsunfähigkeit ist von Erwerbsfähigkeit i. S. v. §8 SGB II auszugehen	BY	22.10.2010	L 15 AS 767/10
Enge Auslegung des Begriffes der stationären Einrichtung i. S. v. §7 Abs. 4 S. 1 SGB II, nur wenn Erwerbstätigkeit (mind. 3 Std / Tag) ausgeschlossen	BW	10.06.2011	L 12 AS 5755/09
Formulierung „am bisherigen gewöhnlichen Aufenthaltsort“ i. S. v. §36a SGB II meint letzten gewöhnlichen Aufenthaltsort außerhalb eines Frauenhauses	BW	21.10.2011	L 12 AS 3169/10
Abweichende Festlegung des Regelbedarfs gem. §27a Abs. 4 S. 1 SGB XII zu Lasten des Leistungsempfängers bedarf eingehender Einzelfallprüfung	NI	04.11.2011	L 8 SO 308/11
In §6a Abs. 1 Nr. 4 BKGG genannte Vermeidung von Hilfebedürftigkeit ist allein auf die Angehörigen der Bedarfsgemeinschaft zu beziehen	BW	15.11.2011	L 13 AS 1206/10
Unanwendbarkeit der Vermutungsregelung des §7 Abs. 3a Nr. 1 SGB II wenn Zusammenleben i.S. einer Bedarfsgemeinschaft bestritten	MV	05.01.2012	L 10 B 331/10
Ausschluss von Leistungen nach SGB II für Studierende in der Examensphase besondere Härte gem. §27 Abs. 4 S. 1 SGB II	SH	07.03.2012	L 11 AS 29/12
Übernahme der Beiträge zur PKV bis zur Hälfte des Basissatzes; Beitragszuschlag für Nichtversicherte wird nicht gem. §21 Abs. 6 S. 1 SGB II übernommen	NI	28.03.2012	L 9 AS 1241/11
Umfassende amtliche Aufklärung der Erwerbsfähigkeit zentrale Voraussetzung der Ermessensausübung für die Versagung von Leistungen gem. §66 SGB I	BY	31.08.2012	L 7 AS 601/12
Bei Neubeschaffung wachstums- und verschleißbedingt entstehenden Bedarfs an Mobiliar bei Kindern handelt es sich nicht um Erstausstattung gem. §24 Abs. 3 S. 1 Ziff. 1 SGB II	BW	13.09.2012	L 12 AS 639/12
Gewährung einer Eingliederungshilfe für behinderte Menschen in Form Anschaffung und behindertengerechten Umbaus eines KFZ; Finanzierung der angemessenen Betriebskosten	BW	26.09.2012	L 2 SO 1378/11
Eheleute in gemeinsamer Ehewohnung über drei Jahre dauernd getrennt lebend bilden eine Bedarfsgemeinschaft	NI	21.02.2013	L 15 AS 139/09
Befristeter Zuschlag nach §24 SGB II wird durch Art. 15 HBeglG 2011 gestrichen	HE	01.03.2013	L 6 AS 42/12

Schlagwort	Gericht	Datum	Aktenzeichen
Maßstab für das Bestehen einer Bedarfsgemeinschaft betreffend Zugehörigkeit eines volljährigen Kindes zum Haushalt seiner Eltern	NW	04.03.2013	L 19 AS 1489/11
Bewilligung eines Bildungsgutscheins im Rahmen des einstweiligen Rechtsschutzes	NW	11.03.2013	L 2 AS 377/13, L 2 AS 378/13
Einforderung des Beitragszuschusses zur PKV nur zusammen mit SGB II-Leistungen möglich; Voraussetzung ist bestehender Versicherungsvertrag	NW	13.03.2013	L 19 AS 2091/12
Keine Gewährung von Leistungen nach dem SGB II zum Universitätsstudiums gem. §7 Abs. 5 SGB II	BY	27.03.2013	L 11 AS 401/11
Gewährung von Einstiegsgeld, wenn alle Leistungsvoraussetzungen des §7 Abs. 1 SGB II vorliegen; keine vorzeitige Aufnahme der zu fördernden Tätigkeit	BY	27.03.2013	L 11 AS 809/10
Bei kurzer Ersatzfreiheitsstrafe kann Ausschlusstatbestand des §7 Abs. 4 SGB II wegfallen	HH	27.03.2013	L 4 AS 343/10
Kein Leistungsausschluss nach §7 Abs. 5 SGB II bei Teilnahme an berufsvorbereitenden Bildungsmaßnahmen	BE-BB	05.04.2013	L 34 AS 2121/11
Bezug von Ausbildungsgeld für behinderte Menschen führt zu Leistungsausschluss nach §7 Abs. 5 SGB II	ST	17.04.2013	L 2 AS 951/12
Monatliche Tilgungsrate eines Darlehens für Energiekostenschulden liegt bei 10 %	NW	22.04.2013	L 19 AS 561/13
Gewöhnlicher Aufenthalt nach §30 Abs. 1 SGB I kann nicht durch tage- oder stundenweisen Aufenthalt begründet werden	BW	14.05.2013	L 13 AS 1389/11
Keine SGB II-Leistungen für behinderte Menschen in Ausbildung, die Ausbildungsgeld beziehen	BW	15.05.2013	L 2 AS 1962/12
Integrationshelfer für Besuch des Horts während der Schulzeit sowie der Schulferien im Rahmen einer Eingliederungshilfe	SN	14.02.2014	L8 SO 150/13 B ER
Gebärdendolmetscherin für eine hörbehinderte Grundschülerin (GdB:100) als Leistung der Eingliederungshilfe	HE	14.05.2014	L 4 SO 303/11
Beschaffung eines Kraftfahrzeuges für behinderte Menschen als Eingliederungshilfe	SH	19.06.2014	L 9 SO 54/12 PKH
§10 Abs.1,1.H.S SGB II rechtfertigt prinzipiell fast jede Arbeit ohne vorherige Kenntnisse, Fähigkeiten sowie ein etwaiges Verdienstniveau; Minderung der Leistung durch ein falsches Verhalten beim Vorstellungsgespräch	SH	12.12.2014	L 3 AS 113/12

Schlagwort	Gericht	Datum	Aktenzeichen
Erbringung von Leistungen zur Sicherstellung des menschenwürdigen Existenzminimum	NRW	10.06.2015	L6 AS 2158/14 B ER
Keine Abzweigung von Unterhaltsforderungen von ALG II Leistungen, weil ansonsten Kürzung des Sozialkulturellen Existenzminimums droht	NI	21.01.2016	L 6 AS 1200/13
Konkrete Benennung der Förderungsbeträge erforderlich bei Aufrechnung mit Leistungen zur Sicherung des Lebensunterhaltes	NI	23.02.2016	L 11 AS 1392/13
Grundlegende Änderungen einer EGV müssen dem Antragssteller schriftlich zur Prüfung vorgelegt werden	RP	09.05.2016	L 6 AS 181/16 B ER
EGV-ersetzende VA's sind rechtswidrig, wenn dort Arbeitsobliegenheiten nicht konkret beschrieben werden	NRW	02.09.2016	L 19 AS 1085/16 B
Die beabsichtigte Aufnahme eines Börsenhandelsgeschäfts entspricht nicht den grundsätzlichen Förderzielen des SGB II	NI-B	13.12.2016	L 7 AS 1494/15
	SG		
Zuschuss zu ungedeckten Unterkunftskosten für Auszubildende	Bremen	21.09.2009	S 23 AS 1497/09
Kostenübernahme und Angemessenheit von Beiträgen zur privaten Krankenversicherung	Halle	18.12.2009	S 19 AS 5300/09
Zuschuss zu Versicherungsbeiträgen für PKV	Bremen	21.12.2009	S 23 AS 2415/09
Keine subsidiäre Förderung einer Ausbildung durch ALG-II, wenn Leistungsvoraussetzungen nach BAföG nicht vorliegen; Eigenverantwortlichkeit zumutbar	Stuttgart	15.04.2010	S 24 AS 1837/10
Kosten der Passverlängerung eines nichtdeutschen Hilfebedürftigen sind vom Regelbedarf anzusparen	Stuttgart	12.05.2010	S 3 AS 2582/10
Kosten einer Reisepasserstellung i.d.R vom Regelsatz anzusparen, Ausnahme bei zu hohen Kosten	Bremen	25.05.2010	S 22 AS 923/10
Nachrang von Leistungen der §§67 ff. SGB XII gg.über Eingliederungshilfen gem. §16a SGB II bei wohnungslosen erwerbsfähigen Hilfebedürftigen	Reutlingen	01.06.2010	S 14 SO 1727/10
Unzumutbare Vermittlungsangebote (§10 Abs. 1 Nr. 4 SGB II) bei Missachtung familiärer Umstände und /oder sittenwidriger Vergütung	Berlin	01.09.2010	S 55 AS 24521/10
Kein Anspruchsauschluss gem. §7 Abs. 4 S. 1 SGB II, wenn bedürftige Person Reha-Maßnahmen erhält, trotz Erwerbsfähigkeit	Bremen	17.01.2011	S 23 AS 2637/10
§7 Abs. 1 S. 2 Nr. 2 SGB II schließt Ausländer ohne vollziehbare Ausreisepflicht nicht aus Leistungsbezug des SGB II aus	Berlin	07.02.2011	S 148 AS 1401/11

Schlagwort	Gericht	Datum	Aktenzeichen
Keine Begrenzung der Handlungsfreiheit eines Hilfebedürftigen, wenn Eingliederung nicht in Betracht kommt	Karlsruhe	14.03.2011	S 5 AS 4172/10
Kein Ausschluss aus Bezug, wenn Maßregelvollzug keine freiheitsentziehende Wirkung hat	Berlin	19.09.2011	S 159 AS 21817/11
Anspruch auf darlehensweise Leistungsgewährung gem. §27 Abs. 4 S. 2 SGB II für Monat der Ausbildungsaufnahme	Stuttgart	07.10.2011	S 25 AS 5506/11
Kein Ausschluss aus SGB II aufgrund §7 Abs. 4 S. 1 SGB II, wenn im Maßregelvollzug befindender Straftäter Unterkunft nach §67 SGB XII bezogen hat	Berlin	13.10.2011	S 123 AS 25547/11
Nichtanwendbarkeit von §20 Abs. 4 SGB II auf Bedarfsgemeinschaften, wenn Partner als Unionsbürger vom Leistungsbezug gem. §7 Abs. 1 S. 2 SGB II ausgeschlossen	Karlsruhe	17.11.2011	S 13 AS 120/10
Zuschuss gem. §73 S. 1 SGB XII für Erwerb eines apotheken-, nicht aber verschreibungspflichtigen Medikaments	Magdeburg	30.11.2011	S 16 AS 2853/08
Übernahme eines Schülerschreibtisches nach §24 Abs. 3 S. 2 Ziff. 1 SGB II als Erstausstattung, sofern aufgrund Gegebenheiten der Bedarfsgemeinschaft Kind auf gesonderten Tisch angewiesen	Berlin	15.02.2012	S 174 AS 28285/11
§7 SGB II unterscheidet zwischen primär und sekundär Leistungsberechtigten	Chemnitz	22.02.2012	S 37 AS 6717/09
Umstritten, ob Ausschluss gem. §7 Abs. 1 S. 2 SGB II europarechtskonform	Mannheim	11.04.2012	S 7 AS 1035/12
Für Auslegung des „gewöhnlichen Aufenthaltes" ist auf §30 Abs. 3 S. 2 SGB I abzustellen	Berlin	29.03.2012	S 159 AS 5473/12
Bestand von temporären Bedarfsgemeinschaften durch Wahrnehmung des Umgangsrechts	Mainz	05.04.2012	S 3 AS 321/11
Keine sofortige Bewilligung von Leistungen nach §§19ff. SGB II bei nicht sichergestellter Erreichbarkeit des Antragstellers	Dortmund	14.05.2012	S 5 AS 1318/12
Datenerhebung des nichtöffentlichen Trägers zur Sicherstellung der Ansprechbarkeit und Kontaktaufnahme mit erwerbsfähigen Leistungsberechtigten	Leipzig	29.05.2012	S 25 AS 1470/12
Übernahme der Reparaturkosten für behinderungsgerecht ausgestattetes KFZ als Leistung zur Teilhabe durch Träger der ges. RV	Kassel	13.07.2012	S 7 R 6/12
Anwendung des §21 VI SGB II für Leistung in Einrichtungen	Lüneburg	26.07.2012	S 32 SO 53/10
Ersatzbeschaffung von Winterbekleidung ist aus dem Regelbedarf zu finanzieren; Ausnahmen i.S.v. §24 Abs. 1 S. 1 SGB II mgl.	Berlin	16.11.2012	S 158 AS 27911/12

Schlagwort	Gericht	Datum	Aktenzeichen
Kein Leistungsausschluss nach §§60, 66 SGB I bei Nichtnachweisbarkeit einer Bedarfsgemeinschaft wg. Unmöglichkeit	Aachen	08.01.2013	S 11 AS 942/12
Keine zeitweise Bedarfsgemeinschaft bei im Heim lebenden Kindern	Chemnitz	27.02.2013	S 14 AS 112/12
Konkludente Zusicherung in der EGV begründet Rechtsanspruch für SGB II-Leistungen	Kassel	13.03.2013	S 6 AS 854/10
Übernahme von Bewerbungskosten von dem Alg II -Empfänger ist keine Ermessenentscheidung sondern eine unerlässliche Bewerbungsvoraussetzung	Gelsenkirchen	18.06.2013	S 43 AS 1316/13 ER
Keine Bedarfsgemeinschaft bei dauernd getrennt lebenden Ehegatten, wenn diese nicht nur vorübergehend keinen gemeinsamen Haushalt führen	Mainz	26.03.2013	S 17 AS 1159/12
Anspruch auf Leistungen nach SGB II besteht bei Beurlaubung vom Hochschulstudium wg. Kinderbetreuung ohne Begrenzung	Dresden	04.04.2013	S 20 AS 1118/13
Das wirksame Zustandekommen einer EGV ist die Voraussetzung für die Feststellung einer Pflichtverletzung nach §31 Abs.1 S. 1 Nr.1 SGB II	Hamburg	06.05.2014	S 24 AS 1510/14 ER
Gewährung eines Darlehens für eine Vereinsfahrt	Berlin	26.04.2013	S 197 AS 10018 / 13
Psychosozialen Betreuungsleistungen gem. §16a Nr. 3 SGB II	Heilbronn	23.04.2014	S 11 AS 1626/12
Erstattung von Bewerbungskosten	Berlin	14.04.2015	S 43 AS 6331/14
Gewährung eines Darlehens für eine Vereinsfahrt	Berlin	26.04.2013	S 197 AS 10018/13
Psychosozialen Betreuungsleistungen gem. §16a Nr. 3 SGB II	Heilbronn	23.04.2014	S 11 AS 1626/12
Unvereinbarkeit des §31a SGB II mit GG	Gotha	26.05.2015	S 15 AS 5157/14
„Protokoll" über die „Arbeitssuche" ist rechtswidrig	München	23.07.2015	S 8 AS 1505/15 ER
Unzumutbarkeit einer Tätigkeit i.S.d. §31 Abs. 1 S. 1 Nr. 1 SGB II i.V.m. §10 Abs. 1 Nr. 1 SGB II, wenn gesundheitliche Anforderungen amtlicherseits nicht geprüft	Chemnitz	30.12.2015	S 23 AS 4451/15 ER
Nicht erfüllbare Bestimmungen in der EGV sind rechtswidrig	Speyer	27.04.2016	S 21 AS 485/16 ER
Fehlen des rechtlichen Gehörs bei Gesprächen über mögliche Inhalte des Eingliederungsverwaltungsakts	Dortmund	10.05.2016	S 37 AS 780/16 ER
Zeitlicher Gestaltungsspielraum des Gesetzgebers bei Neuermittlung und Festsetzung der Regelbedarfshöhe	München	18.05.2016	S 13 AS 935/16
Verhandlung als Voraussetzung für den Erlass eines Eingliederungsverwaltungsakts	Köln	20.05.2016	S 37 AS 3940/15

Schlagwort	Gericht	Datum	Aktenzeichen
Fehlen der Bestimmtheit einzelner Formulierungen eines Eingliederungsverwaltungsakts ist rechtswidrig	Bremen	29.06.2016	S 21 AS 1258/16 ER
Rechtswidriger Eingliederungsverwaltungsakt bei nachgewiesener Erkrankung	Köln	04.07.2016	S 15 AS 2459/16 ER
Entscheidung über die Zustimmung nach §7 Abs. 4a SGB II (Ortsabwesenheit) ist im Rahmen des gegen die Aufhebungsentscheidung geführten Hauptsacheverfahren inzident zu prüfen	Dortmund	16.12.2016	S 19 AS 3947/16
	OVG		
Kein Anspruch auf Erstausstattung der Wohnung bei fahrlässigem Verhalten	HB	21.04.2010	S 2 A 23/08
	VG		
Bei mangelnder Eigenbemühung eines Einbürgerungsbewerbers hat dieser Leistungsbezug nach SGB II und damit Einbürgerungshemmnis selbst zu vertreten	Stuttgart	18.01.2013	11 K 618/12
	VG		
Einschreiten der Gemeinden bei Obdachlosigkeit nur, wenn der Betroffene die Gefahr nicht selbst beheben kann	Bayreuth	16.09.2014	B 1 E 14 572
2. SGB XII			
	BSG		
Übernahme der Kosten des Assistenzzimmers einer Pflegekraft bei häuslicher Pflege		28.02.2013	B 8 SO 1/12
Wohnungsverlust nach der Freilassung gehört zu den „besonderen Lebensverhältnissen mit sozialen Schwierigkeiten" i. S. v §67 S. 1 SGB XII		12.12.2013	B 8 SO 24/12 R
	LSG		
Keine höchstrichterliche Klärung zur Beschaffung von Schulmaterialien für Kinder als atypischer Bedarf i. S. v. §73 SGB XII	NI	12.04.2010	L 13 AS 224/09
Angemessener Stundensatz für ausreichend qual. Integrationshelfer	NI	15.04.2010	L 8 SO 29/10
Keine Leistungsgewährung nach §34 Abs. 1 SGB XII während Ersatzfreiheitsstrafe aufgrund lfd. und zukünftiger Mietkosten	BE-BB	04.05.2010	L 23 SO 46/10
Gewährung von Leistungen für die Finanzierung eines Integrationshelfers	SN	03.06.2010	L 7 SO 19/09

Schlagwort	Gericht	Datum	Aktenzeichen
Benachteiligungsverbot behinderter Personen; Keine Verwehrung öffentlicher Transferleistungen aufgrund abgeschlossener Berufsausbildung	NW	13.08.2010	L 20 SO 289/10
Auslegung des unbestimmten Rechtsbegriffs der Angemessenheit von Aufwendungen für PKV	BW	23.09.2010	L 7 SO 2430/10
Nach Haftentlassung können bei dauerhaft voll erwerbsgeminderten Hilfebedürftigen existenzsichernde Leistungen zur Verfügung stehen	HE	09.11.2010	L 7 SO 134/10
Familienpflege von behinderten Menschen sind Eingliederungsleistungen (§§53ff SGB XII)	SH	09.03.2011	L 9 SO 21/09
Anwendbarkeit des §98 Abs. 5 S. 1 SGB XII bei selbst beschaffter Wohnung für ambulante Betreuung	SH	09.03.2011	L 9 SO 12/10
Mehrkosten in Höhe von 50 v. H. sind i. S. v. §9 Abs. 2 S. 3 SGB XII unverhältnismäßig	BE-BB	13.04.2011	L 23 SO/11
Petö-Therapie kann nach §54 Abs. 1 S. 1 Ziff. 1 SGB XII als Hilfe für angemessene Schulbildung übernommen werden	SH	28.09.2011	L 9 SO 37/10
Systemische Bewegungstherapie kann als Hilfe für angemessene Schulbildung übernommen werden	BW	23.02.2012	L 7 SO 1246/10
Bei stationärer Maßnahme nach §67 SGB XII sind vollständige Kosten vom Sozialhilfeträger zu übernehmen, keine Aufsplittung der Leistungen	BW	18.04.2012	L 2 SO 5276/10
Nach langjähriger Sicherungsverwahrung ist besondere soziale Schwierigkeit gegeben, wenn keine vorrangigen Leistungen anderer Träger bestehen	HE	02.08.2012	L 4 SO 86/12
Unterbringungskosten für Internat als Eingliederungshilfe zu übernehmen, wenn behinderungsbedingt eine bedarfsgerechte Schulbildung erforderlich	BE-BB	09.01.2013	L 23 SO 296/12
Kenntnis der Behörde reicht für Leistungsanspruch nach SGB XII aus; Hinweis auf ausdrückliche Geltendmachung seitens der Behörde ändert dies nicht	SN	06.03.2013	L 8 SO 4/10
Leistungen der Altenhilfe dienen nur dazu, spezifische Probleme des Alters abzumildern	HE	08.03.2013	L 9 SO 52/10
Übernahme der Kosten eines Schulbegleiters als Eingliederungshilfe bei Besuch einer Sonderschule	BW	03.06.2013	L 7 SO 1931/13
Aufnahme eines seelisch behinderten Straftäters in den Maßregelvollzug ist gemäß §98 Abs. 4 SGB XII wie eine stationäre Leistung aufzufassen	SH	12.03.2014	L 9 SO 85/12
Für teilstationäre Einrichtungen gilt dieselbe örtliche Zuständigkeit wie für stationäre; §98 SGB XII	SH	12.03.2014	L 9 SO 50/13

Schlagwort	Gericht	Datum	Aktenzeichen
Die Kosten eines Einzelfallhelfers in einer Pflegeeinrichtung im Rahmen der Eingliederungshilfe nach §§53 ff SGB XII	BW	28.08.2014	L 7 SO 3531/14 ER B
Unterschiedliche Behandlung von stationären und ambulanten Einrichtungen ist gerechtfertigt	SH	26.11.2014	L 9 SO 23/11
Zuständigkeit des Sozialhilfeträgers bleibt bei Abwesenheitszeiten bis zu 1 Monat bestehen	SH	26.11.2014	L 9 SO 33/11
Ungedeckte Heimkosten können Bedarf gem. §61 SGB XII darstellen	NI-HB	12.02.2015	L 8 SO 264/14 B ER
Keine Übernahme der Kosten einer Gleitsichtbrille im Wege der Eingliederungshilfe mangels einer unabdingbaren Notwendigkeit	RP	23.07.2015	L 5 SO 25/15
Einsatz eines Integrationshelfers zum Zwecke des Kindergartenbesuchs bei einer schweren Nahrungsallergie im Wege der Eingliederungshilfe	NI	27.08.2015	L 8 SO 177/15 B ER
Wechsel örtliche Zuständigkeit der stationären Betreuung beim Umzug des Pflegebedürftigen, §98 Abs. 2 S. 2 AGB XII	SH	11.05.2016	L 9 SO 78/12
	SG		
Übernahme und Angemessenheit von Beiträgen zur PKV	Stuttgart	02.09.2009	S 21 SO 6268/09
Leistungsbewilligung setzt physischen Aufenthalt am Ort gem. §98 Abs. 1 S. 2 SGB XII i.V.m §30 Abs. 3 S. 2 SGB I voraus	Freiburg	09.02.2010	S 9 SO 3989/07
Mögliche lebenslange Kostenübernahme bei Eingliederungshilfe	Reutlingen	17.02.2010	S 9 SO 2527/08
Vorrang des Wohngeldanspruchs vor Sozialhilfeanspruch, wenn Hilfebedürftigkeit i.S.v. §§41 ff. SGB XII verhindert oder beseitigt werden kann	Karlsruhe	28.04.2010	S 4 SO 1393/10
Gewährung auf Beschaffung eines behindertengerechten KFZ möglich aufgrund ständiger Nutzung	Koblenz	05.05.2010	S 12 SO 33/09
Kein Wohnen i.S.v. §98 Abs. 5 S. 1 SGB XII, wenn nur ambulante Eingliederungshilfe ohne spezifisch qualifizierte Wohnbetreuung	Bremen	06.05.2010	S 15 SO 32/10
Kein Ausschluss von KV-Leistungen bei Eingliederungshilfen für behinderte Menschen	Reutlingen	30.06.2010	S 9 KR 1442/10
Kein Anspruch auf Hilfeleistungen nach §67 SGB XII, solange Aufklärungsbedarf über den gesundh. Zustand	Reutlingen	16.09.2010	S 13 SO 1726/10
Mit Bewilligung der Maßnahme nach §67 SGB XII nicht automatisch auch Gewährung von notwendigem Lebensunterhalt nach §27 SGB XII	Konstanz	07.10.2010	S 3 SO 3296/08

Schlagwort	Gericht	Datum	Aktenzeichen
Bindung des Sozialhilfeträgers an Schulwahl- und Bestimmungsrecht der Eltern für behindertes Kind	Frankfurt / Main	13.10.2010	S 20 SO 229/10
Schulrechtliche Vorschriften begründen keinen individuell. Anspruch; bedarfsdeckende Leist. (§§53 ff. SGB XII) vorrangig	Bremen	18.10.2010	S 24 SO 182/10
Nur Basistarif der PKV ist angemessener Beitrag gem. GKV	Stuttgart	10.11.2010	S 11 SO 5627/10
Erforderlichkeit eines Integrationshelfers für schwerstbehinderte Kinder in Tageseinrichtungen	Dresden	12.11.2010	S 19 SO 222/09
Kein Verstoß gegen soziokulturelles Existenzminimum, wenn Leistungen nach §145 Abs. 1 S. 3 SGB IX nicht gezahlt werden	Bremen	13.01.2011	S 3 SB 5/11
Haushaltsgemeinschaft schließt Bedarfs- & Einsatzgemeinschaft ein; keine Unterscheidung bei behinderten Personen im betreuten Wohnen	Stuttgart	22.03.2011	S 7 SO 1479/11
Aufrechnungsbescheid nach §26 Abs. 2 SGB XII benötigt exakte Ermessensentscheidung über Einschränkung und Dauer der Aufrechnung	Stuttgart	23.03.2011	S 11 SO 1555/11
Anspruchsberechtigte gem. §67 SGB XII erhalten gem. §21 S. 1 SGB XII keine Leistungen gem. §27b SGB XII	Berlin	14.11.2011	S 50 SO 2281/07
Prognose der zeitnahen Überwindung sozialer Schwierigkeiten ist nicht Anspruchsvoraussetzung gem. §67 S. 1 SGB XII	Stuttgart	25.11.2011	S 7 SO 6280/11
Kostenübernahme eines zusätzlichen Integrationshelfers für eine „1 zu 1"- Betreuung eines schwerstbehinderten Kindergartenkindes	Dresden	12.12.2011	S 24 SO 303/11
§61 Abs. 1 S. 2 SGB XII räumt Pflegebedürftigem unmittelbar Anspruch auf Kostenerstattung ein	Freiburg	15.12.2011	S 9 SO 5771/11
Mehraufwendungen in Höhe von 35 % sind i. S. v. §9 Abs. 2 S. 3 SGB XII unverhältnismäßig	Karlsruhe	17.02.2012	S 1 SO 3144/11
Wunsch- und Wahlrecht gem. §9 Abs. 2 SGB XII wird nicht durch Mehrkosten beschränkt, sondern durch die Einzelfallprüfung	Duisburg	16.04.2012	S 2 SO 55/11
Kostenübernahme für einen Gebärdendolmetscher während des Schulbesuchs eines hörbehinderten Antragstellers	Frankfurt / Main	05.09.2012	S 20 SO 172/12
Schwerbehinderter Leistungsberechtigter, der bei Pflegeperson lebt, erhält Leistungen nach Regelbedarfsstufe 3	Aachen	29.01.2013	S 20 SO 130/12
Kostenübernahme für Assistenzpflegekräfte bei stationärem Krankenhausaufenthalt	Landshut	06.02.2013	S 10 SO 63/10

Schlagwort	Gericht	Datum	Aktenzeichen
Kostenübernahme eines Gebärdensprachassistenten als Eingliederungshilfe für angemessene Schulbildung	Karlsruhe	21.03.2013	S 4 SO 937/13
Eingliederungshilfe im sogenannten Förder- und Betreuungsbereich	Heilbronn	30.04.2013	S 9 SO 3884/11
Regelbedarfsstufe 3 für einen im Haushalt seiner Eltern lebenden Hilfebedürftigen	Karlsruhe	21.05.2013	S 1 SO 4182/12
Die Voraussetzungen für die Bewilligung der Anschaffung einer Sehbrille im Wege der Eingliederungshilfe für behinderte Menschen	Oldenburg	20.01.2014	S 22 SO 99/13
Die Voraussetzungen für die Bewilligung der Beschaffung eines behindertengerecht umgebauten Kfz im Wege der Eingliederungshilfe	Aurich	26.02.2014	S 13 SO 18/13
Übernahme der Kosten für einen Schulbegleiter für den Besuch einer Grundschule im Umfang von 20 Wochenstunden	Dresden	25.03.2014	S 42 SO 54/14 ER
Übernahme ungedeckter Heimkosten gemäß §36 Abs.1 SGB XII	Hannover	31.07.2014	S 4 SO 255/14 ER
Eine durch eine Gebärdendolmetscherin begleitete Teilnahme eines gehörlosen Kindes am in der Kita angebotenen Vorschulmodells ist Eingliederungshilfe	Kassel	28.10.2014	S 11 SO 33/14 ER
Arbeitgebermodell bei Schwerbehinderung kann höheren Leistungsanspruch begründen	Mainz	19.11.2014	S 16 SO 148/14 ER
Wunsch- und Wahlrecht; keine unverhältnismäßigen Mehrkosten, wenn die Aufwendungen für Pflegeeinrichtung bis zu 20 % höher sind als für die günstigste Einrichtung	Karlsruhe	28.11.2014	S 1 SO 750/14
Eingliederungsvereinbarung gem. §15 Abs. 1 S. 1 SGB II bei festgelegten Eigenbemühungen	Freiburg	11.09.2015	S 19 AS 4555/15 ER
Unterlassung von unangebrachten Äußerungen seitens der Behörde	Berlin	07.12.2015	S 92 SO 2913/15 ER
Nach §15 Abs. 1 S. 6 SGB II erlassener Eingliederungsverwaltungsakt ist rechtswidrig	Speyer	05.01.2016	S 21 AS 1905/15
	OVG		
Eingliederungsleistungen bei Kind mit Autismus	Bremen	09.12.2009	S 3 A 443/06
	VG		
Kein Anspruch von Obdachlosen auf Versorgung mit fließend heißem Wasser in Notunterkünften	Regensburg	25.10.2011	RN 4 K 11/886

Schlagwort	Gericht	Datum	Aktenzeichen
3. Ausländerrecht			
	BSG		
Leistungsgewährung nach SGB IX, da Merkmal des gewöhnlichen Aufenthalts nicht konstitutiv für die Feststellung des GdB ist		29.04.2010	B 9 SB 2/09
Beschädigten-Grundrente nach dem OEG i.V.m BVG kein Einkommen i.S.v. §7 Abs. 1 S. 1 AsylbLG		24.05.2012	B 9 V 2/11
	LSG		
Leistungsausschluss für Ausländer	BE-BB	11.11.2009	L 10 AS 1801/09
Gewährleistung einer menschenwürdig ausgestatteten Unterkunft	NI	15.04.2010	L 11 AY 1/10
Verfassungsrechtliche Anforderungen an Höhe der Grundleistungen nach §3 AsylbLG umstritten	BW	30.04.2010	L 7 AY 3482/09
Verfassungswidrige Leistungen für Asylbewerber	NW	26.07.2010	L 20 AY 13/09
Passbeschaffungskosten: Bei Gewährung stellen Analogieleistungen nach §2 Abs. 1 AsylbLG eine Ermessensleistung nach §73 SGB XII dar	NI	02.12.2010	L 8 AY 47/09
§2 AsylbLG als Analogieleistungen und §3 AsylbLG als Grundleistungen sind jeweils als Leistungen nach AsylbLG anzusehen	NI	21.02.2011	L 8 AY 126/10
Bei berechtigtem Grund für kurzfristige Ausreise ist §1 Abs. 3 AsylbLG nicht anwendbar, Wartefrist von 8 Monaten beginnt nicht erneut	SH	13.04.2011	L 9 AY 54/11
Wohnsitzbeschränkende Auflage gem. §12 Abs. 2 AufenthG entfalten keine Rechtswirkung bei fristgerechtem Widerspruch	NI	04.08.2011	L 8 AY 29/11
Bei Bemessung von Grundleistungen nach §3 AsylbLG können Einkünfte eines im Haushalt lebenden deutschen Angehörigen nicht berücksichtigt werden, da gem. §7 Abs. 1 S. 1 AsylbLG zum Begriff des „Familienangehörigen“ nur Kernfamilie zählt	NW	26.09.2011	L 20 AY 43/08
Verfügbarkeit v. EK und Vermögen i.S.v. §7 Abs. 1 S. 1 AsylbLG nur, wenn dem Einsatz keine tatsächlichen oder rechtlichen Hindernisse entgegen stehen.	BW	08.12.2011	L 7 AY 3353/09
Verpflichtung des SGB II-Trägers zur Gewährung von monatlichen Leistungen in Höhe der Grundleistungen nach §3 AsylbLG.	BE-BB	10.05.2012	L 18 AS 1013/12

Schlagwort	Gericht	Datum	Aktenzeichen
Passbeschaffungskosten sind aus dem Regelsatz zu finanzieren	NW	28.01.2013	L 12 AS 1836/12
Leistungen gem. §2 AsylbLG ist kein DauerVA; der Träger ist berechtigt, kurzfristig auf die Änderungen zu reagieren	SH	09.04.2014	L 9 AY 30/11
§6 S. 1 AsylbLG räumt einen Anspruch auf Leistungen bei chronischen Erkrankungen ohne Schmerzzustände als sonstige Leistungen	HH	18.06.2014	L 1 KR 52/14.B.ER
Freibetrag gem. §7 Abs. 2 AsylbLG ist vom Nettoeinkommen zu berechnen	SH	26.11.2014	L 9 AY 70/12
Hepatitis-C-Therapie aus §6 Abs.1 AsylbLS (sonstige Leistungen)	NW	13.02.2015	L 20 AY 69/14 B
Verstoß gegen die aus der Fiktionsbescheinigung (§81 Abs.4/5 AufenthG) hervorgehende Wohnsitzauflage; die örtliche Zuständigkeit eines Sozialhilfeträgers	NB	16.11.2015	L 8 SO 241/15 B ER
Leistungsausschluss nach SGB II, wenn Leistungsbezug nach dem AsylbLG	HH	11.02.2016	L 4 AS 11/16 B ER
Keine Leistungseinschränkung nach §11 Abs. 2 AsylbLG bei fehlenden Anhaltspunkten, dass sich Betroffener nicht am zugewiesenen Ort aufhält	NI	01.03.2016	L 8 AY 53/15 B ER
Ausschlussnorm §23 Abs.3 S.1 1. o. 2. Alt. SGB XII als Ermessensnorm bei Hilfebedürftigkeit	BE-BB	13.04.2016	L 15 SO 53/16 B ER
Verweis auf das GG bei Ermessen §23 Abs. 1 S. 1 SGB XII	BE-BB	13.04.2016	L 23 SO 46/16 B ER
Nichtanwendbarkeit der aus §7 Abs. 1 S. 2 SGB II hervorgehenden Ausnahmenorm bei Arbeitnehmer i.S.d. §2 Abs. 2 Nr. 1 FreiZuG/EV	SA	29.04.2016	L 4 AS 182/16 B ER
Ein Frauenhaus stellt eine Einrichtung im Sinne des §10a Abs. 2 Nr. 1 AsylbLG dar, das anderen Maßnahmen als der Krankenbehandlung nach dem AsylbLG dient	NRW	23.06.2016	L 20 AY 38/16 B ER und L 20 AY 43/16 B
Eine Hilfegewährung dritter Personen oder Institutionen, im Vorgriff auf eine zu erwartende Leistung des öffentlichen Trägers, lässt die Hilfebedürftigkeit nicht entfallen	BY	11.11.2016	L 8 AY 28/16 B ER
§1a Abs. 2 S. 1 AsylbLG ist unanwendbar, wenn der Antragssteller zugleich im Besitz einer Duldung ist	NI - BR	12.12.2016	L 8 AY 51/16 ER
Macht eine nach §1 Abs. 1 Nr. 4 AsylbLG leistungsberechtigte Person geltend, dass eine vorrübergehende Einweisung in eine Wohnung ihren Bedürfnissen an eine menschengerechte Unterbringung nicht genügt, so kann sich der Anspruch auf Einweisung in eine andere Wohnung einzig nach gefahrenabwehrrechtlichen Vorschriften richten	SH	02.01.2017	L 9 AY 226/16 B ER

Schlagwort	Gericht	Datum	Aktenzeichen
	SG		
Unterbrechung der Rechtmäßigkeit des Aufenthalts nicht vorhanden, wenn Ausländerbehörde ablehnende Aufenthaltsgenehmigung später wieder aufhebt	Hildesheim	24.03.2010	S 44 SO 221/08
Vorsätzlich sozialwidriges Verhalten hat rechtsmissbräuchliche Beeinflussung der Aufenthaltsdauer zur Folge	Detmold	24.06.2010	S 6 AY 68/09
Keine Kürzung des AsylbLG bei fehlend. Öffentl. Interesse	Oldenburg	24.06.2010	S 26 AY 50/10
Achtung des Verhältnismäßigkeitsgrundsatzes in Bezug auf Anspruchseinschränkungen gem. §1a AyslbLG	Bremen	16.07.2010	S 24 AY 19/10
Selbstständiger Anspruch auf Sozialleistungen heimatloser Ausländer; Gleichstellung zu deutschen Staatsangehörigen (HAuslG lex specialis zu SGB II)	Hannover	27.09.2010	S 54 AS 3724/10
Aufenthaltserlaubnis wird erteilt, aber Finanzierung der Passbeschaffungskosten unmöglich; Leistungen des §3 Abs. 1 AsylblG reichen nicht aus	Bremen	06.01.2011	S 15 AY 81/10
Bei leistungsberechtigter Person, die keinen räumlichen Beschränkungen unterliegt und umzieht, tritt Wechsel der örtlichen Zuständigkeit ein (§10a Abs. 1 S. 2 AsylbLG)	Bremen	14.01.2011	S 15 AY 63/09
Anspruch auf Sozialgeld kann für Nichtdeutsche bestehen, auch wenn die Erwerbstätigkeit nach AufenthG (§8 Abs. 1 SGB II) nicht gestattet	Köln	17.01.2011	S 20 AS 80/11
Nachzahlung der Leistungen nach §2 Abs. 1 AsylbLG und Anwendbarkeit des §44 SGB X scheiden aus, wenn zwischenzeitlich der Bedarf weggefallen	Mannheim	25.01.2011	S 9 AY 3888/10
§20 Abs. 4 SGB II gilt nur für Bedarfsgemeinschaften aus Leistungsberechtigen nach dem SGB II, nicht iVm Leistungsberechtigten nach AsylbLG	Bremen	24.06.2011	S 22 AS 943/11
Bei Auslegung des §2 Abs. 1 AsylbLG ist Verhältnismäßigkeitsgrundsatz zu beachten	Altenburg	21.10.2011	S 21 AY 3592/11
Leistungsberechtigung der Eltern nach §2 Abs. 1 AsylbLG ist Tatbestandsvoraussetzung des §2 Abs. 3 AsylbLG	Hannover	30.06.2011	S 53 AY 49/11
Die Aktuell gewährte Grundleistungen des §3 AsylbLG werden Anforderungen des Urteils des BVerfG vom 09.02.2010 nicht gerecht	Mannheim	10.08.2011	S 9 AY 2678/11
Auslegung des §23 Abs. 5 S. 1 SGB XII dahingehend, dass abweichende Wahl des Aufenthaltsortes zur Wahrung der Interessen nach Art. 6 GG rechtens ist	Freiburg	25.07.2011	S 9 SO 5262/08

Schlagwort	Gericht	Datum	Aktenzeichen
Gewährte Leistungen nach AsylbLG verletzen das Grundrecht auf Sicherung einer menschenwürdigen Existenz; im Eilverfahren kann halber Differenzbetrag als Darlehen gewährt werden	Mannheim	13.09.2011	S 9 AY 2790/11
Anspruch nach §1a Ziff. 2 AsylbLG auch, wenn Mitwirkungspflichten verletzt werden; keine vollständige Versagung von Leistungen	Köln	23.11.2011	S 21 AY 146/11
Kein Ausschluss gemäß §7 Abs. 1 S. 2 Zif. 1 SGB II bei Familiennachzug zu deutschem Ehegatten	Berlin	18.01.2012	S 173 AS 38287/10
Keine Sanktionierung im AsylbLG bei missbräuchlich zu verantwortender Verwendung von Sachleistungen nach §3 Abs. 1 S. 1 AsylbLG	Braunschweig	13.02.2012	S 20 AY 17/11
Wenn Vater nach §25 Abs. 2 AufenthG berechtigt und nach §7 Abs. 1 S. 1 SGB II leistungsberechtigt ist, darf Tochter, die nur geduldet wird, nicht gem. §7 Abs. 1 S. 2 Zif. 3 SGB II ausgeschlossen werden.	Köln	22.03.2012	S 12 AS 427/12
Bei Unterbringung außerhalb von Aufnahmeeinrichtungen (§3 Abs. 2 S. 1 AsylbLG) hat Antragssteller einen Rechtsanspruch dem Grunde nach.	Düsseldorf	16.05.2012	S 17 AY 36/12
Keine Finanzierung von Passbeschaffungskosten für nichtdeutsche Personen	Braunschweig	24.05.2012	S 19 AS 5307/10
Keine Anwendung der Ausschlussnorm des §7 Abs. 1 S. 2 Ziff. 1 SGB II bei einer zu einem deutschen, mittellosen Ehepartner nachziehenden, bedürftigen Person	Frankfurt / Main	16.07.2012	S 5 AS 960/12
Zeitgleiche Leistungsberechtigung gem. §1 Abs. 1 AsylbLG als Voraussetzung für Ausschlussnorm gem. §7 Abs. 1 S. 2 Ziff. 3 SGB II	Köln	25.07.2012	S 37 AS 2258/11
Nachträgliche Sicherstellung des in der Vergangenheit liegenden Bedarfs gem. §3 AsylbLG nur durch Geldleistungen möglich	Koblenz	29.07.2012	S 11 AY 5/12
Gewährung eines Mehrbedarfszuschlags wegen Diabetes mellitus Typ II für rechtskräftig abgelehnten Asylbewerber gem. §6 Abs. 1 AsylbLG bei bestehender Angewiesenheit	Potsdam	04.10.2012	S 20 AY 8/09
Urteil des BVerfG vom 18.07.2012 ist Übergangslösung für die Festsetzung der Höhe der Grundleistungen nach §3 AsylbLG	Altenburg	11.10.2012	S 21 AY 3362/12
Mitwirkung bei der Passbeantragung als Voraussetzung	Hildesheim	29.09.2014	S 42 AY 36/14 ER

Schlagwort	Gericht	Datum	Aktenzeichen
Leistungskürzung nach §1a AsylbLG erfordert Einzelfallprüfung	Hildesheim	29.09.2014	S42 AY 36/14 ER
´Osteochondrose´ akute Erkrankung i. S. v. §4 Abs. 1 S. 1 AsylbLG	Frankfurt (Main)	13.10.2014	S 20 AY 31/14 ER
Rechtsanspruch aus §4 Abs. 1 S. 1 AsylbLG i.V.m. §6 Abs. 1 S. 1 AsylbLG erfordert grundsätzlich keine kassenärztliche Zulassung	Hamburg	12.12.2014	S 21 KR 1399/14 ER
Kein Ausschlussgrund nach §7 Abs. 1 S. 2 Nr. 1 SGB II bei Familiennachzug	Berlin	16.07.2015	S 175 AS 13627/15 ER
Keine Anspruchsbeschränkung bei einer Aufenthaltsgestaltung nach §55 AsylbLG	Hildesheim	04.11.2015	S 42 AY 46/12
Frage des Rechtsmissbrauchs der Beeinflussung der Dauer des Aufenthalts im Bundesgebiet nach §2 AsylbLG	Hildesheim	04.10.2015	S 42 AY 169/09
Anspruch auf Tilgung der Operationskosten gem. §4 Abs. 1 S.1 AsylbLG aufgrund dringlichem Eingriff	Berlin	19.01.2016	S 212 AY 76/16 ER
Anspruchseinschränkungen gem. §10 Abs. 3 S.1 AsylbLG, wenn die aufenthaltsbeendenden Maßnahmen mangels Mitwirkung nicht durchgesetzt werden können	Oldenburg	21.01.2016	S 26 AY 28/15 ER
Kirchenasyl mit moralischen Werten der Gesellschaft vereinbar und respektiert	Stade	17.03.2016	S 19 AY 1/16 ER
Ausschlussnorm §23 Abs. 3 S. 1 1. Alt SGB XII findet dann Anwendung, wenn Inanspruchnahme von Leistungen ein ausschlaggebendes Einreisemotiv war	Hildesheim	20.04.2016	S 44 SO 4006/16 ER
Arbeitnehmer i. S. d. § 2 Abs. 2 Nr.1, Abs. 3 FreizügG/EU sind auch diejenigen, die über ein geringfügiges das Existenzminimum nicht deckendes Einkommen verfügen	Dortmund	11.05.2016	S 19 AS 1083/16 ER
Beachtung der Verhältnismäßigkeit bei Absehen von freiwilliger Ausreise wegen behandlungsbedürftiger Erkrankung	Koblenz	13.05.2016	L 8 AY 53/15 B ER
Leistungsbeziehern nach §3 AsylbLG ist es selbst zu überlassen, wie sie ihr soziokulturelles Existenzminimum im Einzelfall ausfüllen	Landshut	17.06.2016	S 11 AY 65/16 ER
Maßgeblichkeit der Rechtmäßigkeit des Aufenthalts	Berlin	16.07.2016	S 175 AS 13627/15 ER
Ermessensreduzierung auf Null, bei Gewährung von Hilfe zum Lebensunterhalt, wenn sich eine nichtdeutsche Person voraussichtlich sechs Monate in Deutschland aufhält	Duisburg	19.09.2016	S 25 AS 3448/16 ER
Für die Gewährung eines Mischregelsatzes nach dem AsylbLG bedarf es einer entsprechenden Rechtsgrundlage	Hannover	05.10.2016	S 53 AY 20/16

Schlagwort	Gericht	Datum	Aktenzeichen
Verifiziert psychologisch-psychotraumatologisches Gutachten Abschiebungshindernis, ist nicht von einer bewussten Verhinderung des Vollzugs aufenthaltsbeendender Maßnahmen auszugehen	Magdeburg	10.11.2016	S 25 AY 29/16 WA
Fehlende Beteiligung an der Beschaffung von Passersatzpapieren begründet kein, im Rahmen von §2 Abs. 1 AsylbLG, rechtsmissbräuchliches Verhalten	Hildesheim	06.01.2017	S 42 AY 56/16 ER
Leistungsausschluss nach §7 Abs. 1 S. 2 Nr. 2 SGB II bei sechsmonatiger Arbeitslosigkeit nach Kündigung durch Arbeitgeber ist europarechtskonform	Bremen	17.11.2016	S 37 AS 2208/16 ER
Die Neuregelung des §23 SGB XII, dass Ausländer/innen keinen Anspruch auf Leistungen zur Sicherung des notwendigen Lebensunterhalts haben, solange sie über kein Aufenthaltsrecht verfügen, ist nicht verfassungswidrig	Bremen	18.01.2017	S 24 SO 374/16 ER
Rumänische Staatsangehörige, die aufgrund ihrer Arbeitssuche im Herkunftsland von SGB II-Leistungen ausgeschlossen sind, können die Gewährung von SGB XII-Leistungen im Rahmen der §§27 ff. SGB XII zur Existenzsicherung beantragen	Kassel	14.02.2017	S 4 AS 20/17 ER
Im Rahmen der Folgeabwägung im einstweiligen Rechtsschutz ist entgegen dem Wortlaut von §23 Abs. 3 SGB XII Sozialhilfe zu gewähren	Kassel	15.02.2017	S 11 SO 9/17 ER
	OVG		
Zur Sicherung des soziokulturellen Existenzminimums in der Leistungssystematik des AsylbLG	Bremen	23.09.2009	S 3 A 272/07
	VG		
Verpflichtungserklärung gemäß §68 Abs. 1 S. 2 AufenthG	Trier	06.11.2015	6 K 2120/15.TR
Beachtung der Vorschriften bei einer gem. §42f Abs.1 S. 1 SGB VIII durchgeführten qualifizierten Inaugenscheinnahme eines Flüchtlings	Bremen	16.03.2016	3 V 253/16
4. Europarecht			
	BSG		
Ausreisepflicht nach §7 Abs. 1 S. 1 FreizügG/EU wird erst mit Verlustfeststellen des Aufenthaltsrechts begründet; Angehörige des EFA haben Anspruch auf §7 SGB II		19.10.2010	B 14 AS 23/10

Schlagwort	Gericht	Datum	Aktenzeichen
	LSG		
Europarechtskonformität des §7 Abs. 1 S. 2 SGB II auch bei Unionsbürgern, sobald Leistungen den notwendigen Lebensunterhalt sichern sollen	BE-BB	25.03.2010	L 29 AS 2128/09
§8 Abs. 2 SGB II beinhaltet selbstständige sowie abhängige Beschäftigung	BE-BB	22.07.2010	L 14 AS 763/10
„Neu-EU-Bürger" bekommen Arbeitsgenehmigung nur, wenn konkrete Aussicht auf Arbeitsplatz besteht	NI	24.08.2010	L 15 AS 145/10
Leistungsausschluss für EU-Bürger unvereinbar mit EU-Recht	BW	25.08.2010	L 7 AS 3769/10
Erwerbsfähigkeit liegt vor, wenn Visum die Ausübung von Erwerbstätigkeit gestattet; Leistungsausschluss nach § 7 Abs. 1 S. 2 Ziff. 1 SGB II bei Familiennachzug eines ausländischen Familienangehörigen zu deutschem Ehepartner zweifelhaft	NW	09.05.2011	L 12 AS 314/11
Zur Auslösung der Fiktion des §8 Abs. 2 S. 1 2. Alt SGB II, reicht die in §284 Abs. 3 SGB III i.V.m. mit §39 AufenthG generell eingeräumte Möglichkeit der Erteilung einer Beschäftigungserlaubnis nicht aus	BW	25.07.2011	L 1 AS 2278/11
Leistungsausschluss für Ausländer nach §7 Abs. 1 S. 2 SGB widerspricht dem europarechtlich ausgestalteten Gleichbehandlungsgebot aus Art. 4 i.V.m. 70 VO (EG) 883/2004-VO; nichteheliche Partner sind nicht Familienangehörige	HE	14.07.2011	L 7 AS 107/11
Auf österreichische Staatsangehörige ist die Ausschlussklausel gem. aus §7 Abs. 1 S. 2 Ziff. 2 SGB II nicht anwendbar	MV	07.03.2012	L 8 B 489/10
Leistungsausschluss gem. §7 Abs. 1 S. 2 Ziff. 2 SGB II gilt nicht für Angehörige eines Vertragsstaates des EFA. Der ausgesprochene Vorbehalt der Bundesregierung ist unwirksam	BE-BB	09.05.2012	L 19 AS 794/12
Selbständigkeit zählt nicht zur Erwerbsfähigkeit i. S. v. §8 Abs. 2 SGB II; daher gilt Leistungssausschluss nach §7 Abs. 1 S. 2 SGB II	NI	23.05.2012	L 9 AS 47/12
Keine Fiktion der Erwerbsfähigkeit gemäß §8 Abs. 2 SGB II, wenn Staatsangehörigkeit eines EU-Mitgliedsstaates	BY	14.08.2012	L 16 AS 568/12
EU - Bürger, der sich zu unentgeltlichen Forschungszwecken in der BRD aufhält, erhält SGB II-Leistungen; Ausschlusstatbestand des §7 I 2 Nr. 2 SGB II greift nicht	SN	31.01.2013	L 7 AS 964/12
Grundrechtlicher und europarechtlicher Maßstab bei Erlangung von SGB II–Leistungen für EU-Bürger	NW	31.01.2013	L 2 AS 2457/12, L 2 AS 2458/12

Schlagwort	Gericht	Datum	Aktenzeichen
§7 Abs. 1 S. 2 Nr. 2 SGB II ist kein ´Auffangausschlusstatbestand´, EU-Bürger kann im Eilrechtsschutzverfahren Anspruch auf ALG II haben	HE	06.06.2014	L 6 AS 130/14 B ER
	SG		
Kein Leistungsausschluss nichtdeutscher Personen nach § 7 Abs. 1 S. 2 Nr. 2 SGB II, während der 6-Monatsfrist, aufgrund der Fiktion der Erwerbstätigeneigenschaft	Bremen	04.05.2010	S 22 AS 663/10
Leistungsausschluss aufgrund fehlender Arbeitsgenehmig	Stuttgart	25.08.2010	S 11 AS 4831/10
Keine Ausweisung von nachweislich arbeitsuchenden EU-Bürgern	Nürnberg	01.10.2010	S 18 AS 1511/10
Nichtanwendbarkeit des Leistungsausschlusses nach §7 Abs. 1 S. 2 Nr. 2 SGB II bei bestimmten Voraussetzungen des FreizügG	Stuttgart	04.11.2010	S 25 AS 6170/10
Berücksichtigung des europäischen Fürsorgeabkommens bei Leistungsfällen des SGB II gem. §30 Abs. 2 SGB I	Bremen	15.09.2010	S 18 AS 2176/10
Europarechtskonforme Auslegung des §7 Abs. 1 S. 2 Ziff. 2 SGB II dahingehend, dass Arbeitssuche Zweck der Einreise	Berlin	24.05.2011	S 149 AS 17644/09
Verpflichtung des SGB II-Trägers zur Leistung an hilfebedürftigen griechischen Staatsangehörigen trotz Vorbehalts gegen das europäische Fürsorgeabkommen	Leipzig	28.03.2012	S 20 AS 852/12
Erhebliche Bedenken an Anwendbarkeit des Leistungsausschlusses nach §7 Abs. 1 S. 2 Zif. 2 SGB II im Fall eines hilfebedürftigen Griechen	Berlin	25.04.2012	S 78 AS 8137/12
Bei Schwangerschaft und Zusammenzug mit Kindsvater mit Niederlassungserlaubnis kann nicht allein vom Aufenthaltszweck der Arbeitssuche (§7 Abs. 1 S. 2 Zif. 2 SGB II) gesprochen werden.	Nürnberg	25.04.2012	S 13 AS 1658/10
Erhebliche Bedenken gegen die Ausschlussnorm des §7 Abs. 1 S. 2 Ziff. 2 SGB II im Fall von legal im Bundesgebiet lebenden EU-Bürgern/innen	Berlin	10.05.2012	S 75 AS 10822/12
Leistungsanspruch aus SGB II könnte sich für Österreicher aus Abkommen ergeben	Lüneburg	21.05.2014	S 27 AS 156/14 ER
Festschreibung einer Gültigkeitsdauer von sechs Monaten nach §15 Abs. 1 S. 6 SGB II	Berlin	19.01.2015	S 142 AS 24179/14 ER
Aus §7 Abs. 1 S. 2 Nr. 2 SGB II hervorgehende Ausschlussnorm findet auch in Fällen von EU-Bürgern Anwendung	Lübeck	04.02.2015	S 42 AS 1376/14 ER

Schlagwort	Gericht	Datum	Aktenzeichen
Anspruch eines EU- Bürgers auf ALG II im Eilrechtsschutzverfahren	Wiesbaden	30.07.2015	S 20 AS 855/15 ER
Leistungsausschlüsse sind dem Grunde nach verfassungswidrig	Mainz	02.09.2015	S 3 AS 599/15 ER
VI. Krankenversicherungsrecht			
	LSG		
Hilfsmittel nach dem SGB V nur als "Basisausgleich der Behinderung"	NI-Bremen	25.11.2014	L 4 KR 454/11
Kein einstweiliger Rechtsschutz gegen die Vollziehung von Beitragsbescheiden bei guter wirtschaftlicher Lage	SH	06.01.2016	L 5 KR 74/16 B ER
Einstweilige Anordnung zur Versorgung mit nicht anerkannter Behandlungsmethoden hat keine Aussicht auf Erfolg	SH	01.06.2016	L 5 KR 209/15 B ER
	SG		
Keine Übernahme empfängnisverhütender Mittel bei einem geistig behinderten Menschen über 20 Jahre	Stuttgart	11.05.2012	S 19 KR 7248/09
Leistungserbringung zur Fortsetzung einer Maßnahme der ambulanten Psychotherapie gem. §264 Abs. 1 SGB V i.V.m. §4 AsylbLG zur Erhaltung des Therapieerfolgs	Hamburg	31.10.2012	S 7 AY 56/12
Kinder-Reha-Pflegebett bei einem vollstationär in einer Einrichtung untergebrachten Kind dient zur Pflegeerleichterung (§33 Abs.1 S. 1 SGB V)	Magdeburg	14.02.2014	S 17 KR 753/13.ER
Hilfsmittel im Sinne des §33 Abs. 1 S. 1 SGB V ist erforderlich, wenn es zu Lebensbetätigung benötigt wird	Dresden	24.04.2015	S 47 KR 36/15 ER

Der Autor

Malte Crome, geboren am 10.04.1959, Studium der Rechts- und Politikwissenschaften an der Phillipsuniversität Marburg, Rechtsanwalt und Fachanwalt für Sozialrecht, seit 1996 in leitender Position beim Caritasverband für die Diözese Fulda und seit 2007 als Vorstand tätig, Lehrbeauftragter an der Hochschule Fulda, University of Applied Science.